大数据时代
电力技术与市场营销管理

■ 程　翔　李延超◎主编

中国原子能出版社
China Atomic Energy Press

图书在版编目（ＣＩＰ）数据

大数据时代电力技术与市场营销管理 / 程翔, 李延
超主编. -- 北京 :中国原子能出版社, 2019.10 （2021.9重印）
ISBN 978-7-5221-0137-8

Ⅰ.①大… Ⅱ.①程… ②李… Ⅲ.①电力工业—市
场营销学—研究 Ⅳ.①F407.615

中国版本图书馆CIP数据核字(2019)第234694号

大数据时代电力技术与市场营销管理

出　　版	中国原子能出版社(北京市海淀区阜成路43号 100048)	
责任编辑	蒋焱兰（邮箱:ylj44@126.com QQ:419148731）	
特约编辑	王晓平　蒋　睿	
印　　刷	三河市明华印务有限公司	
经　　销	全国新华书店	
开　　本	880mm×1230mm 1/32	
印　　张	7	
字　　数	200千字	
版　　次	2019年10月第1版	2021年9月第2次印刷
书　　号	ISBN 978-7-5221-0137-8	
定　　价	49.80元	

出版社网址:http://www.aep.com.cn　E-mail:atomep123@126.com
发行电话:010-68452845　　　　　版权所有　侵权必究

前　言

PREFACE

　　随着电力体制改革与电力市场化的深入展开,我国电力市场进入以市场需求为导向、满足客户需要为目的的新阶段,供电企业面临着前所未有的竞争。面对当前严峻形势,供电企业要保证其生存与发展,又要使其尽到服务社会的责任,使企业市场竞争力不断提升,赢利能力不断增强,就必须认真研究电力市场营销新格局,努力做好电力市场营销工作。

　　电力市场营销是电力企业市场化改革的必然要求,是电力企业经营的重要组成部分,是电力企业经营成果的综合体现。开展电力市场营销可以更好地满足市场需求,增加售电量,加强与可替代能源企业的竞争;通过电力营销调整电力市场的需求水平、需求时间、需求特点,以良好的服务质量,满足客户合理用电的要求,实现电力供求之间的相互协调,建立电力公司与客户之间的合作伙伴关系;同时通过强调基于客户利益上的用电服务,电力企业采用科学的管理方法和先进的技术手段,可以促使客户主动改变消费行为和用电方式,提高用电效率。

　　随着电力体制改革的深入,将逐渐形成两级电力市场:发电市场和电力销售市场,发电企业和配电企业也将逐渐成为面向不同电力市场的竞争主体,电力市场营销工作将日益被发电企业和配电企业所重视。电力作为一种商品,既然形成了市场,就存在商品交换,就需要进行市场营销活动。电力生产和电力产品的特殊性决定了电力市场营销活动与一般商品的市场营销活动具有很大的不同。本书正是以电力行业为背景,从发电企业面临的发电市场和配电企业面临的电力销售市场两个层面展开,全面介绍了电力市场营销管理的理论和方法。

目　录
CONTENTS

第一章　大数据时代电力技术与市场营销概述

随着电力市场体制的确立,电力市场营销工作已经成为电力企业的工作核心。电力市场营销工作的好坏直接关系到企业的生存与发展,更影响到地区经济与社会的发展。

第一节　电力技术的概念

电力是国家能源安全战略的重要组成部分,是社会、经济发展的重要基础性产业。电力项目和电力技术方案的技术经济分析,关系到决策的科学性和正确性,关系到电力企业和整个社会的经济效益,掌握电力技术与市场营销经济的相关理论和方法具有十分重要的理论和现实意义。

一、电力技术的基本概念

自人类产生起,技术就始终伴随着人类的进步而发展。技术作为伴随人类社会进步的社会力量,不仅始终影响着人类历史,而且对社会的进步和发展产生着重要影响。电力是当前人类所掌握的最优秀的二次能源,在人类经济领域,能源尤其是电能是现代社会经济的重要决定性因素。正确理解和认识电力技术的含义、分类、结构和体系,不仅是学习电力技术经济原理重要的内容,而且对制定电力技术发展体制、发展政策与策略,科学合理地进行电力资源的优化配置,保证能源资源节约战略的顺利实施等均具有重要理论和现实意义。

电力技术是广义技术概念的组成部分。技术是人类在生产实践中,利用自然、改造自然所应用的知识、经验、手段和方法以及生产工具、生产工业过程的总称。在此概念的基础上,电力技术是在电力的整个发电、输电、配电、用电(包括电能量的转换、传输、交易等)各阶段和环节中采用的方法、知识、手段及相关技术,生产、输送、分配电力的全过程的总和,是实现电力企业生产经营目的的手段和方法。电力技术随着相关学科和行业的发展,尤其是电力需求、电力系统、电力科学、电力市场的发展而日益发展。现代电力技术是决定电力工业发展水平的重要条件,是电力市场发展的重要组成部分。[①]

二、电力技术的分类

(一)按物质载体分类

电力技术根据其物质载体的不同可分为两类:第一类是人们在从事电力生产、转换、传输、使用等过程中逐渐积累起来的各种经验、技能与技巧,即通常所说的经验形态的电力技术;第二类是人们对电力生产、输送、分配、使用所专有的与电力商品生产经营密切相关的产物,是利用现代科学技术、创造发明与开拓创新的结晶,也是智力劳动者的实践与生产经营者的实践相结合深化的结果,是紧密结合电力系统、电力商品

①崔巍,奚磊.电力技术中的电力节能技术应用[J].山东工业技术,2019(19):162.

特点的物化成果。

(二)按学科领域分类

电力技术按照学科领域分类可分为发电技术、输电技术、配电技术、用电技术、储能技术、控制技术、保护技术等;按照技术的先进程度可分为尖端技术、先进技术、适用技术、中间技术、落后技术等,其中尖端技术也称为高新技术。由于现代社会中人类已离不开电力,电力系统是人类在地球上制造的最复杂的人造系统之一,各学科领域的最新成果通常总是率先在电力系统中得到应用。因此,现代电力系统是资金、技术、人才密集程度很高的行业,很多电力技术均属于高新技术。

(三)按物质层次分类

按照物质层次划分,电力技术可分为硬技术和软技术。例如电网实时监测与控制技术、调度自动化技术、配网自动化技术、电网综合自动化技术、发电厂监控技术、微机保护技术、在线监控技术、电能质量补偿与治理技术等都属于硬技术,而信息资源管理系统、财务管理系统、办公自动化系统、电网规划、电源规划、电力市场预测、电能质量分析管理、电力经营决策、电力市场营销和电力需求侧管理等则属于软技术。

三、电力技术经济理论

(一)经济理论概述

根据《辞海》的解释,在古代"经济"一词是指"经邦济国""经世济民"之意,是指治理国家、拯救庶民的意思。现代社会,人们对经济的理解是广义的,概括起来主要有下面三种解释:第一,经济是指社会生产关系的总和。人类社会的发展历史证明,经济不仅是社会存在和发展的基础,更是社会上层建筑赖以树立的基础;第二,经济是指国民经济中的生产、交换、分配、消费的总称。在国民经济体系中,经济就是生产力和生产关系紧密结合、相互渗透的一种社会经济活动;第三,经济是指广义上的节约,是指经济活动的合理性和有效性。正如马克思所说,"真正的经济——节约——在于节约劳动时间",利用最少的人力、物力、财力和时间,获取最多的有效劳动成果,即最小的投入–产出比。

(二)电力营销经济理论概述

人们在社会实践和经济活动过程中已经深刻认识到,人类的生产、生活和社会发展必须遵循自然规律、社会规律和经济规律,否则必然会受到自然规律惩罚。科学发展观,就是要求人们在发展的过程中,必须自觉遵循各自的必然规律。遵循经济发展的内在规律是经济得以发展的根本保证。经济规律是指各种社会经济现象之间内在的、本质的、必然的联系。正如列宁指出的:"规律是本质的现象,规律是现象的平静反映。"

电力是社会经济中的重要组成部分,是人类特有的一种商品。作为商品必然具有商品的价值属性,而电力商品的价格是经常被动的。在计划经济模式下,人们通常忽视了电力商品的价值属性,大多采用政府控制、政府定价的模式,这种模式在经济和社会发展水平还不够高的历史环境下极大地促进了电力工业的发展。但是随着社会经济的发展,特别是进入20世纪90年代后,电力系统计划经济模式下高度垄断的电力经营管理体制严重阻碍了电力经济的发展,造成了大量社会资源的浪费,限制了社会经济的进一步发展。因此,人们开始对电力工业的经济属性进行重新认识,探索电力经济、电力工业发展的客观规律成了广大电力科技工作者,研究人员,管理人员以及社会学、经济学、管理学领域学者,政府决策者和社会共同关注的问题。20世纪90年代以来,人们已经认识到电力商品的经济属性,正在不断深入地研究和认识电力价值的价格规律,认识电力经济规律的目的就是希望能自觉遵循这些规律,为电力工业的发展服务,保证社会经济的健康、持续发展。

电力生产、转换、传输的实践证明,人们不但需要认识电力商品的经济规律,更要认识电力市场、电力经济、电力企业、电力项目发展的规律,不认识和掌握这些规律,电力工业的发展就是盲目的,电力投资决策就必然会失误。所以,进行电力体制改革、建立电力市场、发展电力经济、进行电力企业的生产经营等均必须遵循电力经济发展的规律,以保证电力工业的社会效益和经济效益,这些规律就是电力技术经济原理面对的研究内容和课题。

四、电力技术与电力营销经济的关系

电力技术是在电力工业的形成和发展过程中逐步发展起来的。电力工业的发展经历了多个发展阶段,从最简单的单机系统到多机系统,从简单的直流系统到交流系统再到交直流混合系统,从单一电压等级到多电压等级,从中低压电压等级到高压、超高压、特高压电压等级,从小容量到大容量。尤其是近年来,随着全球能源战略的实施以及我国电力工业和社会经济的发展,我国特高压交流和特高压直流电网建设已全面展开,这是我国电力系统发展的历史必然,是人类历史上前无古人的一次革命,其中伴随着大量电力技术和电力经济的内容,迫切需要人们加以认识和掌握,同时也为电力技术经济的发展提出了新的要求。

电力系统从一开始就是一个高科技、高资金密集和人才密集的社会基础性产业,可以说没有电力科学技术就没有电力经济。尤其是随着20世纪电子计算机、计算机网络、现代通信技术、数字化技术、信息技术的出现和发展,开创了电力系统自动化、数字化、智能化,开创了强大的智能化电网技术发展的新阶段,为电力经济的持续发展提供了技术基础和原动力。20世纪90年代以来,科学技术的进步进入信息化、数字化、智能化时代,信息化、数字化和智能化正从整体上引导着电力经济的发展进程,为当前电力市场经济模式的建立提供了物质基础。在电力系统中信息化、数字化、智能化技术已经成为新的电力经济增长点。可见,电力技术与电力经济是电力工业发展和进步不可缺少的两个重要组成部分,两者之间存在相互依存、相互促进、相互依赖的辩证关系。

在电力技术与电力经济的相互促进关系中,电力技术是先导的向前开拓者,它推动着电力经济向前发展。电力科学技术的发展和进步是提高电力系统生产、经营效率,提高电力经济效益(尤其是规模效益),推动电力经济发展的重要手段和物质基础。当然,电力技术的发展也必然受到电力经济发展水平、经济体制、经济规模等的影响和制约。在电力技术与电力经济的相互关系中,电力经济的水平决定着电力技术的进步,是电力技术进步的起点和归宿点。尤其是在电力市场经济模式下,任何一项电力新技术的发明、推广和应用,不仅取决于电力经济发展的需要,而且还取决于其是否具备广泛使用的可能性,这种可能性包括与推广应用这些技术相适应的物质基础、经济条件、人才条件和应用环境。

比如,从电力发明以来,电能质量问题就是人们十分关心的问题,但只有在电能质量分析、监测和控制技术等方面取得发展,才使得电力系统保证和提高电能质量成为可能。在过去经济欠发达、电力严重不足时期,人们更关注的是是否有电可供,还来不及顾及电能质量问题。只有随着电力工业和经济的发展,电力供需矛盾不断缓和,电能质量问题在电力技术、电力经济、电力法规、国际惯例等方面才逐步成为电力企业和电力用户共同关心且必须解决的重要问题。因此,近年来,电能质量及其控制技术才成为电力经济发展的重要组成部分,在不少电力企业中,电能质量水平的高低已经成为衡量企业工作绩效的重要指标。又如,智能电网概念的形成和提出,同样是电力工业和社会经济发展到一定阶段,相关理论和技术达到一定水平后,电力系统发展的必然选择。可见,在电力技术和电力经济中,电力技术是先导,电力经济是保证,两者有本质区别,但又相互关联。

第二节　市场营销的基本知识

市场营销学与经济学的结合更加紧密,形成了一些交叉的课程,如《消费经济学》《零售经济学》《广告经济学》和《市场营销经济学》等。随着经济新理论和新分析工具的出现,经济学将进一步促进市场营销学的发展。市场营销学的发展是一个兼容并蓄的过程,这些学科都为其发展奠定了坚实的理论基础。

一、市场营销的定义

"市场营销"一词来自英文"marketing",20世纪80年代引入中国。"marketing"有两层含义:一是企业如何依据消费者需求,生产适销对路的产品,扩大市场销售所进行的一整套经营活动;二是一门研究营销活动、营销规律的学科。市场营销的定义具有多样性,市场营销学者从不同角度及发展的观点对市场营销下了不同的定义。

(一)宏观定义

E.J.Mccarthy把市场营销定义为一种社会经济活动过程,其目的在于满足社会或人类需要,实现社会目标。Philop Kotler指出:"市场营销是与市场有关的人类活动。市场营销意味着和市场打交道,为了满足人类需要和欲望,去实现潜在的交换。"[1]

---

[1]陈志杰.市场营销[M].杭州:浙江工商大学出版社,2015.

(二)微观定义

美国市场营销协会于 1960 年对市场营销下的定义是：市场营销是引导产品或劳务从生产者流向消费者的企业营销活动。E.J.Mccarthy 于 1960 年也对微观市场营销下了定义：市场营销是企业经营活动的职责，它将产品及劳务从生产者直接引向消费者或使用者，以便满足顾客需求和实现公司利润。这一定义虽比美国市场营销协会的定义前进了一步，指出了满足顾客需求及实现企业赢利成为公司的经营目标，但这两种定义都说明，市场营销活动是在产品生产活动结束时开始的，中间经过一系列经营销售活动，当商品转到用户手中就结束了，因而把企业营销活动仅局限于流通领域的狭窄范围，而不是视为企业整个经营销售的全过程，即包括市场营销调研、产品开发、定价、分销广告、宣传报道、销售促进、人员推销、售后服务等。

美国市场营销协会于 1985 年对市场营销下了更完整和全面的定义：市场营销是对思想、产品及劳务进行设计、定价、促销及分销的计划和实施的过程，从而产生满足个人和组织目标的交换。这一定义的完整性和全面性表现在：①产品概念扩大了，它不仅包括产品或劳务，还包括思想。②市场营销概念扩大了，市场营销活动不仅包括营利性的经营活动，还包括非营利组织的活动。③强调了交换过程。④突出了市场营销计划的制订与实施。

市场营销既不同于通常所说的经营，又有别于推销。经营主要指企业的购销活动，推销则是一个企业为处理掉生产出来的产品所做的工作，而市场营销是一个企业为决定首先应生产什么产品所做的工作。

综上所述,市场营销是企业以消费者的需求为出发点,有计划地组织各项经营活动,为消费者提供满意的商品或服务而实现企业目标的过程。市场营销不仅仅是研究流通环节的经营活动,还包括产品进入流通市场前的活动,如市场调研、市场细分、目标市场选择、产品定位等一系列活动,而且还包括产品退出流通市场后的许多营销活动,如产品使用状况追踪、售后服务、信息反馈等一系列活动。由此可见,市场营销活动涉及生产、分配、交换、消费全过程。

二、市场营销观念

市场营销是一门研究市场营销活动及其规律性的应用科学,而市场营销活动是在一定经营观念指导下进行的。因此,准确把握市场营销的核心概念,正确认识市场营销管理的实质与任务,全面理解现代市场营销观念的内涵,对于搞好市场营销,加强经营管理,提高经济效益具有重要意义。所谓市场营销观念,就是企业在开展市场营销的过程中,在处理企业、顾客和社会这三者利益时所持的态度、思想和观念。

企业的市场营销活动是在特定的市场营销观念或市场营销哲学指导下进行的。了解市场营销观念的演变,对企业更新观念、加强市场营销管理具有指导作用。

市场营销哲学可归纳为五种:一是生产观念,它是指导销售者行为最古老的观念之一,市场营销的重心在于大量生产,解决供不应求的问题,消费者的需求和欲望并不受到重视;二是产品观念,产品观念的经营思想是消费者或客户总是欢迎那些质量好、有特色、价格合理的产品,只要注意提高产品质量,做到物美价廉,就一定会产生良好的市场反馈,顾客就会自动找上门来,因而无需花大力气开展推销活动;三是推销观念,当企业家不是担心能不能大量生产,而是担心生产出来的产品能不能全部销售出去时,推销观念也就产生了;四是市场营销观念,它是一种全然不同于上述经营观念的现代经营思想,基本内容是:消费者或客户需要什么产品,企业就应当生产、销售什么产品;五是社会营销观念,社会营销观念的经营思想是对市场营销观念的重要补充和完善,其基本内容是:企业提供产品,不仅要满足消费者的需求与欲望,而且要符合消费者和社会的长远利益,企业要关心与增进社会福利。

市场营销观念是在一定的经济基础上并随着社会经济的发展和市场形势的变化而不断创新发展的。现代市场营销理论在经历了生产观念、产品观念、推销观念、市场营销观念和社会市场营销观念之后,继续随着实践的发展而不断深化、丰富,产生了许多新的观念,如创造需求的营销理论、关系市场营销理论、绿色营销理论、文化营销理论等,这些新的观念相互交融,共同构成了现代营销理论的新特色。

三、市场营销学与三大学科的联系

市场营销学自20世纪初产生以来,它就充分吸收了经济学、心理学和社会学等学科的研究成果,博采众家之长,逐步形成一门具有特定研究对象和研究方法的独立学科。

(一)市场营销学与心理学

心理学是研究人和动物心理现象发生、发展、活动和行为表现的一门科学。这些知识对市场营销的重要性是显而易见的,因为心理学研究的对象即个体是市场交易的当事人。由于两者研究对象相同,也就逐步形成一门专门研究营销心理活动的新学科——市场营销心理学。

市场营销心理学研究的是整个营销过程中的所有参与者的心理与行为产生、发展和变化的规律。市场营销学与市场营销心理学是为满足同一营销实践需要而提出来的不同理论体系,不同之处在于侧重点不一样。市场营销学并不忽视参与者的行为与心理活动规律的研究,但更侧重于营销各环节整体的把握;营销心理学则侧重于对参与者的行为与心理规律的深入分析,因而形式上成为一门新的学科。

市场营销心理学形成于20世纪60年代的美国,但其渊源可以追溯到市场营销学的发展初期,即19世纪末20世纪初,是和市场营销学一同产生和发展,并相互促进的。市场营销心理学的发展经历了四个阶段:第一阶段:雏形——广告心理研究时期(19世纪末至20世纪初);第二阶段:发展——销售心理研究时期(20世纪20~40年代);第三阶段:形成——消费者心理研究时期(20世纪50~70年代);第四阶段:完善——市场营销心理学研究时期(20世纪80年代至今)。1903年,美国心理学家斯科特的《广告论》是市场营销心理学最早的著作。20世纪60年代后,定价心理研究和消费者心理研究成为市场营销心理学研究的主要内容。此时,英国的大学开始讲授"消费者心理学"。

20世纪70年代末,以德国学者彼德·萨尔曼的《市场心理学》为代表,市场营销心理学进入一个完善和成熟期,其研究领域几乎涵盖营销活动的全过程。它不仅仅限于研究营销活动中广告促销心理和消费者的心理,同时也研究市场细分和厂商对中间商、推销人员的心理策略。比如,消费者购买行为的分析中主要应用了心理学的认知理论和动机理论。分析消费者对产品和服务的知觉、注意、态度、兴趣、体验和记忆等认知过程以及研究消费者购买动机,消费者营销学中许多理论都能得到体现和应用。

(二)市场营销学与社会学

社会学的核心观点认为,人是社会人,是作为一个或多个群体的成员,是某种文化的代表,是他所处的时代环境和文化的产物。人们会随着自身所处社会环境的习俗、制度和价值观的变化而发生改变。自尊、情感、愉悦和非理性等都是人们行动的社会原因,这些观点和其中的概念在市场营销学中多处得到体现和应用。

社会学的观点主要应用于市场分析,其中,又以消费者的行为作为主要因素。参照群体、家庭、社会阶层、文化和亚文化等,都是社会学中的重要概念,它们是消费者行为分析的重要理论基础。这些因素都会影响到消费者购买行为,也将直接决定企业营销策略的选取。此外,分析组织市场时,所涉及的组织、权力和地位等概念也是社会学的概念。市场营销学从这些概念出发,根据组织市场的基本特点,形成了一个有别于消费者行为分析的分析模式。

社会学家对未来社会发展的预测通常被市场营销学者借来分析消费的变化趋势。例如:妇女在社会中地位的转换、家庭领导权的转移、儿童消费的增长以及个人和社会价值观的改变等都会引起市场的变迁,在市场预测中将其作为一个重要因素来考虑。

在新产品的扩散中,市场营销学应用了社会学的创新传播理论。创新在社会系统中的传播是一个复杂的社会现象。研究表明,创新采用者的数量随时间呈S形曲线的变化,且不同的创新在整个采用过程的时间范围上可能完全不一样,那些较早采用创新的"创新者"和"先行采纳者"在特质和对信息利用等方面与较晚采用者有明显的不同;较晚的采用者希望得到早期采用者的帮助;大众传媒信息借助人际交往得以在社会上传播,这些社会学的观点是市场营销学中新产品扩散营销策略的理论基础。针对新产品传播的不同阶段制定相应的营销策略,并重视舆论领袖和口头传播的作用也就成为市场营销学中新产品扩散过程管理的基本原则。同时,该理论对营销沟通策略设计、产品定位、产品生命周期"延伸"策略均有重要的影响。

社会学对社会成员之间的冲突进行了深入研究,形成了一些正确对待冲突的观点和方法,这些是解决成员间冲突的重要工具。另外,竞争与合作的概念是社会学用来描述社会成员和社会群体相互联系的方式,同时也被市场营销学用来说明成员之间的关系类型,它对于处理成员之间的关系具有重要的指导意义。

广告通过对商品和服务的宣传,把有关信息传递给目标市场的消费者,以诱发消费者的注意和产生购买动机。广告是否有效取决于消费者对广告的认同和态度,这种认同和态度与参照群体、社会阶层、文化和亚文化等社会因素密切相关。据此,市场营销学主张,广告策略的制定要充分考虑参照群体和文化等因素,社会学的有关理论应指导广告实践。例如,请目标消费者的参照群体做广告就是利用了社会学中有关参照群体的研究结论。

关系与网络也是社会学的概念,现已借用到市场营销学当中。现代营销学认为,交换有两种方法:一种是营销组合方法;另一种是关系方法以及扩展的网络方法。营销组合方法主要是从企业的观点考虑营销,而关系方法则是将买卖双方的特定交易看成是发生在以两者之间长期相互依赖和相互作用为特征的交易关系之中,网络方法进而将这种关系看成是相互连接的网络,这种基于关系和网络的交换方法观点是关系营销的基石。

市场营销学者越来越重视市场营销活动中参与者之间的社会关系,因此,社会学的观点和方法将会在市场营销学中得到更为广泛的应用。

(三)市场营销学与经济学

经济学是现代的一个独立学科,研究的是一个社会如何利用稀缺的资源生产有价值的物品和劳务,并将它们在不同的人中间进行分配。经济学主要进行三点考虑:资源的稀缺性是经济学分析的前提、选择行为是经济学分析的对象、资源的有效配置是经济学分析的中心目标。其首要任务是利用有限的地球资源尽可能持续地开发成人类所需求的商品及其合理分配,即生产力与生产关系两个方面。

市场营销学借鉴了许多的经济学概念与理论。经济学是其重要的理论基础,而且由于早期市场营销方面的学者基本上都是经济学家,因而其长期被作为经济学的一个分支来看待。经济学是研究人与社会如何花费时间选择使用稀缺生产资源去生产各种商品并把它们用于消费的。消费者的满足是以式样、时间、地点和占有情况这四种经济效用为前提,而市场营销提供了后三种效用。所以说,市场营销是一种很重要的经济活动。因此,市场营销学中许多地方都应用了经济学的概念与理论,如市场分析、市场营销战略制定、市场营销策略组合等方面。此外,市场营销学中还用到了一些经济学概念,如恩格尔定律用于市场分析;销售中用到货币理论的信用概念;地租理论用于解释市场营销机构的位置和布局;根据凯恩斯学派的观点提出政府干预市场营销活动理论等。总之,经济学为市场营销学提供了许多的概念和理论,为市场营销学的发展奠定理论的基石。

第三节　电力市场营销的主要内容

一、电力市场概述

(一)电力市场的定义

电力市场属于商品市场的范畴,它是以电力这一能源的特殊物质形态作为市场客体来定义和界定市场内涵的。通俗地说,电力市场就是以电力这种特殊商品作为交换内容的市场,它区别于以其他商品为内容的专门市场(如粮食市场、煤炭市场、技术市场、建筑市场等)。因此,任何不同于电力这一商品特性相联系的市场定义、说法都是一种难以令人信服的判断,是不可取的。

电力市场是以电力消费需求为中心,按照市场运行机制对电力系统中发电、输电和供电(配、售电)以及用电客户等进行协调运行的管理机制,电力市场是电力商品交换关系的总和。

(二)电力市场的构成要素

所谓要素,是指构成某个系统的必要元素。在电力市场中有六个基本构成要素:市场主体、市场客体、市场载体、市场价格、市场规则、市场监管组织。

1.电力市场主体

市场主体是指商品的所有者(卖方)和货币的所有者(买方)。就电力市场而言,其主体可细分为发电企业、电网企业和供电企业,它们是电力商品的生产者、供应者,为电力市场客户提供各类电力和服务。电力市场主体的买方是广大的电力用户,他们是电力商品的购买者、消费者,是构成市场的需求方。

政府是市场中的一个利益主体,但它不成为市场主体,不能经营企业,也不能直接从事商品的生产经营,不能享有民事权利和承担民事责任,因此不能成为真正意义的市场主体。电力市场的管理者是市场中从事电力商品交易的具有政府授权功能的特殊当事人,它以国家政府代理者的管理机构形式出现在市场之外,起着组织、协调、监督管理电力市场的特殊作用,是市场中利益集团之一,为政府税收起到保证作用,但它也不是市场主体。

2.电力市场客体

所谓市场客体,是指在市场中买、卖双方交易的对象,或者说是市场上各种待售的商品。狭义地讲电力市场中的客体就是电力商品,有的人把在电力行业中所有相关联的商品,都作为电力市场的客体是一种误解。作为电力商品的量化形式,用生产能力即容量衡量(以千瓦计量)和商品数量电量即容量运行时间(以千瓦时计量)计算。由于生产能力在一定的时间内是一个确定的量,生产数量的多少主要决定于机组的运行时间。因此,发电小时通常用来作为表述生产数量的一个决定的量。

3.电力市场载体

市场载体是市场交易活动的物质基础,是市场主、客体借以进行交易活动的物质条件。电力市场的载体就是覆盖营业区内的电力网络。一般意义上的市场载体,还应包括销售商品的销售网点设施、仓储、运输、通信设施和商品交易所需要的交易场所,它是市场存在的先决条件。

4.电力商品价格即电价

电价是电力商品的货币表现。在完善的市场条件下,电价与电费在数量上应该是一致的,但在我国电力市场机制不完善,管理上存在缺陷的情况下,电价与电费却成为两个不同的量。按照人们习惯的认识,电价是由政府政策确认规定的电度价格或者叫目录电价,电费是指终端用户实际负担的电度费用,两者之间相差的就是政府政策以外的各种加价。随着电力市场的完善,这种现象会逐渐消失。

价格机制,历来是市场机制的核心内容,各种市场机制也总是通过价格机制来起调节作用的。同时,价格又是市场调节机制、传输供求关系变化最敏感、最直接的信号。电价是电力生产经营者与广大电力用户利益的调节者,是供求双方十分关心的焦点。因此,电价的改革好坏决定着电力市场化建设的成败。由于电力商品的特殊性,我国电力商品的价格管理权限在省及省级以上政府。

5.电力市场的运行规则

运行规则是市场主体参加市场交易活动的行为规范,是维持市场正常运作的约束条件,也是市场运作的先决条件和保证。通常运行规则由政府制定,由政府监督或授权某组织机构代替监督和管制执行。市场运行规则通常包括市场准入规则、市场交易规则和市场竞争规则三种。

6.电力市场监督

市场监督是指在市场上,按照市场管理和运行规则,对从事交易活动的市场主体行为所进行监察和督导的组织或个人。它是市场管理的重要组成部分,是市场运作不可缺少的。市场监督具有如下职能。

(1)预见职能:通过市场监督活动,可以预先发现市场中的问题,并弄清其产生的根源,提前排除相关因素的扰动以及可能发生的潜在危机。

(2)补救职能:即依据所发现的问题以及问题形成的直接或间接因素,及时地采取相应的措施,以制止或缩小因失误造成的不良后果。

(3)完善功能:通过社会的监督体系和自律机制,以保证市场其他职能的发挥,并保证各项职能取得最佳效果。

(4)判断职能:通过对市场运行过程和管理过程的监督、分析,判断市场运行的状态及设计模式目标的合理与正确程度,以便提请管理决策机构调整政策。

（5）仲裁职能：依法对交易中发生的矛盾、争议进行协调和仲裁，以维护当事人的正当权益，维护市场管理的公正性。

（6）信息职能：即及时收集、汇集市场运行过程的信息、情报，随时反馈监督的结果，以缩短和纠正决策部门认识和判断的时滞性。

（三）电力市场的分类

1.按交易形式进行分类

电力市场可以分为期货与期权交易市场、中长期合约市场、日前交易市场、辅助服务市场和实时交易市场。

2.按发展过程或服务对象进行分类

电力市场可以分为发电市场、电力批发市场和电力销售市场。

3.按层次进行分类

电力市场可以分为国家级电力市场、区域电力市场、省级电力市场、地区级电力市场和县市级电力市场。

二、电力市场营销的定义

电力市场营销是一个既新鲜又重要的课题，这是因为传统的电力工业是由国家垄断经营、垂直管理的行业。垄断意味着排斥竞争，没有竞争的企业，就谈不上市场营销。20世纪80年代末90年代初，国内外开始了电力工业改革，虽然改革的方式很多，但基本原则是最终实现发电与售电的完全分开，在发电和售电环节引入竞争机制。售电环节竞争机制的引入，要求以售电为主营业务的供电公司，必须按照市场规律的要求，实行商业化运作，采取必要的营销策略，全力提升参与市场竞争的能力。

在我国,电力行业是走向市场经济较慢的行业,长期以来的电力卖方市场,使供电企业只需埋头生产,而无销售之虑。近几年来,随着电力体制改革的深入,供电企业员工思想上一度难以适从,没有能真正树立市场观念和服务观念,仍然习惯于用"靠国家、靠政策、靠行政手段"的方法处理市场问题。因此,研究供电企业的电力市场营销策略,可以促进供电企业改变计划经济的经营理念和思路,树立市场经济意识。

所谓电力市场营销,是指电力产品的生产、输送和销售,满足电力客户经济、合理、安全、可靠地使用电力产品,不断提高电力企业经济效益的一系列经济活动的总称。通常包括以下基本经济活动。

(一)电力市场分析和预测

不断分析电力企业与电力市场的关系,分析影响电力企业中电力营销活动的宏观环境和微观环境,预测电力需求的发展趋势,分析各类电力客户对电力市场的需求和购买行为,研究电力企业如何面对环境变化所带来的机会或威胁。

(二)电力市场细分与目标电力市场选择

在电力市场调查与预测的基础上进行电力市场的细分,提出电力企业选择目标电力市场的方法。

(三)电力市场营销策略

通过制定适当可行的营销策略,以满足电力客户的需要,实现电力企业的预期目标。运用包括优质服务策略、价格策略、形象策略、促销策略手段,不断提高电力市场占有率。[1]

---

[1]陈广里. 新形势下供电企业电力市场营销策略研究[D]. 济南:山东大学,2017.

三、电力市场营销与其他商品市场营销的联系与区别

电力商品是一种特殊的商品,电力市场也是一个特殊市场,电力市场营销是一项特殊的营销活动。随着市场经济的发展和人民生活水平的提高,社会对电能的需求由简单化的稳定分配向复杂多变的商品买卖转化,这些变化对习惯于计划经济经营思路的电力企业来讲是一种全新的挑战。电力企业必须转变观念,要学会通过电力市场营销活动来解决电力生产和电力需求之间的各种分离、差异和矛盾,使电力供应与电力需求相适应。电力市场营销与一般商品的营销既有联系,又有区别。

两者的联系表现在:①两者均为满足消费者某种需要和效用,都具有商品的属性,电能既满足人们对动力、照明的使用,同时又把电力企业的服务意识、节能和安全用电的观念传播出去。②两者均应遵循市场规律,遵循市场营销的原理,市场竞争规律、市场营销的基本原理同样适用于电能产品。

两者的区别是:①电力商品是一种特殊的商品,具有单一性:电力市场营销的产品策略不同于其他商品,它没有很大的设计空间。但是,供电企业因用户用电要求不同,而采用差异化的电价,从而形成一种商品多种价格的体系。②电力商品交易的特殊性:电能的发、输、配、售这些环节都是瞬时完成的,电力市场流通和销售的渠道都是通过电力网,供电企业不必考虑存货成本对营销的影响。③电力商品分销渠道的相对确定性:受到电网覆盖范围的限制,而电网的建设投资巨大,技术要求高,因此电力商品不能像其他商品一样,随意改变分销渠道。④电能产品的销售在很大程度上依赖用电设备和电

器的使用。因此,电力市场营销要和用电商品的营销相互作用,相得益彰。⑤营销活动的重点在电力客户终端:一般商品其营销重点不仅在于客户终端,而且对生产商、中间商同样很重视。电力市场营销尽管也包括发电市场和输配电市场等环节,但是营销工作的中心应该放在客户终端,这是因为电力商品的发电量、输电量多少完全取决于终端客户。⑥生产力的技术进步无法直接体现在产品上:电力科学技术进步仅仅反映在电能质量、供电可靠性、服务水平、成本等方面,而不是直接表现在电力商品本身上,这一点与一般商品相比有明显的不同。⑦价格形成机制存在政府调控:一般商品的价格是在市场规律的作用下,企业根据自身的生产成本和利润水平等自主定价,而电力商品的价格通常受到政府的干预,电力企业不能完全独立地确定电力商品的价格。⑧电力市场存在自然垄断性,并且由于电能商品的公用性,使得电力市场具有不可放弃性:电的自然垄断性是电的显著经济特点,电的自然垄断性主要表现在以下几点:电力建设投资较高,为一般投资者不能承受;电力生产和消费需要受空间的制约;电能的获得是对自然资源的消耗来实现的;电力生产、运输、消费在时间上具有同步性。

四、电力市场营销的作用及地位

1.市场营销工作的质量关系到公司自身的生存与发展

电力市场营销部门负责按国家统一制定的销售电价进行电能的销售,并担负着电费回收的重要任务。营销工作的质量决定着公司收益的大小,决定着公司市场竞争力的大小,最终影响公司的市场占有率。

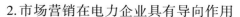

2.市场营销在电力企业具有导向作用

在市场经济中,电力市场营销承担着电力企业直接面向市场和为广大客户服务的功能,在电力企业生产经营中具有导向作用。

3.市场营销代表着公司的形象

电力市场营销涉及千家万户,建立面向市场、便捷高效、以客户为中心、协调统一的电力市场营销体制,彻底改变供电企业服务水平不高、服务手段落后、竞争意识缺乏、忧患意识不强、开拓市场乏力的电力市场营销现状,是今后一段时间营销工作的重点。切实提高服务质量,减少中间环节,最大限度地满足客户的用电要求,以实现公司社会效益和经济效益的最大化,达到让政府放心、让群众称心、让客户满意、让社会赞同,塑造电力部门良好的外部形象,是营销工作的根本目标。

五、电力市场营销观念

电力市场营销观念是电力生产经营者组织与管理电力企业活动过程的指导思想,随着电力商品交换日益向深度和广度发展,电力市场营销观念渐次由电力生产观念、电力产品观念、电力推销观念向电力市场营销观念和电力市场社会营销观念转变。电力市场营销观念以买方为中心,重点是顾客导向、整体营销、顾客满意、企业获利。

电力市场营销活动应当包括电力企业的全部业务活动,即包括电力市场与消费者研究、选定电力目标市场、电力产品开发、电力定价、电力分销、电力促销和售后电力服务等。电力市场营销观念要求电力经营者重视顾客的要求,把了解顾客的需要、欲望和行为作为营销活动的起点,必须做到以下几点:①认识顾客需求。②实行市场细分。③了解产品与促销的差异化。④进行顾客研究。⑤优化资源配置。

六、电力市场营销的现状与存在的问题

由于我国电力行业长期受到垄断经营方式的影响,供电企业很少考虑到电力市场的竞争问题,造成了我国电力企业严重缺乏忧患意识。在市场经济条件下,电力行业之间以及与其他同类行业之间开始了竞争,并且随着经济的发展会愈演愈烈。在这种形势下,我国的电力企业显得缺乏必要的竞争能力。因此,为了使我国电力企业走上健康发展的道路,需要了解我国电力市场营销现状,分析我国电力行业存在的一些问题。

(一)我国电力市场营销现状

1.电力市场的垄断经营管理体制

伴随着我国改革开放的逐渐深化,大部分地区形成了跨省的区域性高电压等级的主网架,缺电状况得到明显改善,电力工业有力地支持了国民经济的快速发展。在电力市场供需状况发生明显变化之后,现行的电力体制暴露出一些不适应社会主义市场经济体制要求的弊端。垄断经营管理的体制性缺陷日益明显,省与省之间市场壁垒阻碍了跨省电力市场的形成和利用电力资源提高国民经济整体竞争的能力。

2.电力市场竞争比较激烈

由于国家推广清洁能源,居民用电市场存在着巨大的发展机遇,同时也面临着严峻的挑战。天然气、煤气、液化气、燃油等可替代能源对电力市场的竞争越来越激烈,电力非进即退。电力企业如何迎接挑战,提高市场占有率,已成为当前电力营

销的重中之重。目前,居民用电市场开拓不足,主要表现在对市场不敏感,供电产品多年不变,产品的策划、设计、销售手段远远落后于能源市场的发展及消费者的需求。同时,国家能源政策及现行能源管理体制也在一定程度上制约了电力市场的进一步拓展。

3.营销体系设置不健全

电力市场营销要求电力企业必须以电力市场需求为导向,重视市场分析和市场动向的研究,以必要的人力、物力投入市场分析和市场调研,建立庞大的营销体系。目前电力公司的营销功能一般分布在用电、计划、调度和财务等部门,它们的协调运作只是一种被动式的组合,不能适应市场变化,给各种营销策略的实施造成了环节上的障碍。

4.电力企业营销人员素质不高,服务意识低

电力企业营销人员结构不够合理,主要由于大部分员工综合素质不高,尤其是工作在一线的营销人员素质偏低,习惯于简单的程序作业方式,缺乏相应的市场营销知识,有些甚至缺乏必要的服务技能,这些都影响了各种策略的实施效果。

《中华人民共和国电力法》(以下简称《电力法》)颁布实施后,用户对供用电双方权利和义务的认识越来越清楚,加之电力市场供需矛盾的转变,由卖方市场转变为买方市场,用户要求供电企业提供更多的优质服务。供电企业生产经营活动必须服从和服务于市场营销的需求,供电服务质量差、服务体系不健全的供电企业已经无法完全立足于当今的电力市场。因此,供电企业必须转变思想,走上以市场需求为导向、以效益为中心,提高市场服务意识的轨道。

5.电力企业营销管理系统存在风险与不足

首先是技术风险,由于电力营销信息管理系统设计上有一定缺陷,造成系统不稳定或不安全、漏洞较多,如非法用户或电脑黑客可轻易地入侵系统,电费统计有时会出现重复或遗漏等;其次是操作风险,操作风险主要指系统维护和操作人员无意识的错误操作带来的风险,如电价标准修改时因出错而造成的电费误算;最后是违规操作风险,违规操作风险主要指个别系统维护和操作人员可能利用工作之便,采用隐蔽的技术手段,蓄意对某些重要数据进行更改而造成的风险。

(二)电力市场营销中存在的问题

由于电能的特点是发电、输电、配电、用电同时进行,并且不能储存,因此电能既具有一般商品相同的商品属性,又有着一般商品所不具备的特殊性。这种特殊性给电力市场营销带来了以下几方面的困难:①电能生产与电能需求在空间上和时间上的分离。②电力生产和需求在质量标准、电压等级等方面的矛盾。③电能生产与需求中,不同客户在电价上的分离。④电能生产和需求数量上的矛盾,有时供不应求,有时供大于求。⑤电能生产与需求信息上的分离,电能生产者和供应者不知道客户何时何地需要电能。"电力销售不旺,欠费居高不下"是目前电力营销工作中面临的最主要的问题,然而在具体的营销过程中,电力企业还存在着以下共性问题。

1.电力管理体制问题

我国的电力企业已经走向了市场,但营销工作仍在或多或少地套用计划经济时期的经营管理模式。电力企业习惯于用行政手段来管理电力的生产与销售,而无法适应社会主义市场经济深化发展的要求。目前的电力市场营销不是真正意义上的市场营销,市场和销售价格的制定与监管有违市场经济规律,使得电力市场营销工作更多的是企业内部的管理工作。建立健全电力市场营销机制,必须进一步改革。

2.市场营销体系不适应市场变化的要求

目前的营销体系和内部机构设置还是"管客户"的模式,缺乏一支优秀的、高素质的营销队伍。虽然有所调整和改革,仍带有浓厚的计划经济色彩,政企不分的现象严重,难以适应市场经济运作的需要。

3.市场意识淡薄,竞争意识不强

大部分营销人员经营思想没有真正以市场为导向,仍然习惯于用"靠国家、靠政策、靠行政手段"的方法去处理和解决市场经济环境中的问题。具体表现在市场营销知识欠缺,市场观念落后于市场规律的变化,对市场需求研究分析不够;市场开拓不力,对客户的消费要求和消费心理缺乏研究;没有按市场需求来经营,缺少开拓市场的具体措施。

传统用电管理体制下,电力销售工作处于被动状态,主要是坐等用户上门并进行计划供应。电力行业长期以垄断者身份自居,很少意识到应主动参与竞争。包括与煤、油、气等终端能源替代产品的竞争,缺乏市场竞争意识。还反映在行为上不主动分析市场,不进行市场调查,对电力需求分析预测不够。

4.缺乏高素质的营销专业队伍

长期以来,电力企业被称为技术密集型企业,所以,我们确实不乏各类专业技术人才,特别是在生产技术管理上的人才。但是,在电力营销管理上,却缺乏既有基础理论支持,又有搏击市场经验的人才,整体队伍的素质较低。

5.市场营销工作缺乏长期的、统一规划的战略指导

市场营销的目标不明确,对目标市场、市场定位、营销手段和营销策略缺乏分析和研究,市场营销工作基本还处于"头痛医头,脚痛医脚"的局面。

6.与电力相关的产品问题

供电电压合格率、供电频率、电力谐波三个质量指标的考核标准和完成情况与国际上发达国家相比还存在差距。举个简单的例子,国际上发达国家对电压合格率的指标可以考核到居民家里的每一个用电插座,而我国目前只考核到10KV母线。在过去,产品质量问题所引起的后果并不是很严重,也未对此引起高度重视。事实上,随着社会经济的持续、稳定发展,客户对电能质量要求越来越高。目前居民生活水平改善,生活质量要求逐步提高,高档家用电器不断普及,像高档家用计算机、空调等,而这些家电产品对供电质量指标的要求较传统老、旧家电对供电质量指标的要求则高得多。如果电压质量不合格,则会造成使用效果较差、使受损坏的可能性增大等问题。

7.电价销售不科学

现行电力销售电价形成机制不科学,存在的主要问题如下。

(1)电价的分类不科学:不能充分反映不同性质的用电特性,体现不出《电力法》"公平负担"的原则。目前电价基本上是按用电用途分类,仅考虑电压的差别,没有考虑负荷率的不

同,反映不出电力销售企业在不同电压等级和不同负荷率的供电成本的差异。

（2）电价的分类烦琐：目前电价分类主要按用电用途分类,分为居民生活电价、非居民照明电价、商业电价、大工业电价、普通工业和非工业电价、农业生产电价、贫困县农业排灌电价、趸购电价共八大类。同一类电价中,又因供电电压等级不同或生产产品的不同又各有区别,此外,随电价一起征收的还有三峡建设基金、农网还贷基金、城市附加等费用;在用电时间上,又分为丰水期、枯水期、平水期、高峰时段、低谷时段、平段;有的省还增加有"光彩工程"照明电价、外资企业优惠电价、高耗能企业优惠电价、用电型中央空调优惠电价、"一户一表"改造居民生活优惠电价等,分类标准复杂,电价类别烦琐,非专业人士很难看懂一张电价表。这样一则不易给客户进行解释说明;二则计量装置配备、电费收取等方面造成诸多困难;三则非常容易产生混价行为,屡屡产生纠纷。

伴随着国家市场经济的逐步规范,任何垄断行业都将被打破,都将引入竞争机制。特别是电力买方市场的出现,要求我们营销观念的彻底转变,即最大限度地满足用户（消费者）的利益。企业要兼顾企业利益、职工利益和社会利益。树立现代社会市场营销观念,电力也要走向市场,只有实现观念的更新、意识的转变以及思想上的到位,才能在市场经济的大潮中站稳脚跟,立于不败之地。

第四节　电力市场营销的新理念实施

一、树立适应新形势的电力市场营销新理念

多年来，电力企业供不应求的"卖方市场"，使电力企业员工形成不重视用户需求的作风，导致企业存在着以生产为导向的电力营销观念。当前电力市场营销中存在的许多问题表明，电力企业面对不断变化的市场，还没有调整好自己的营销策略，不能完全适应当前市场经济发展的需要。对此，在电力市场营销中应坚决摒弃那些过时的和已不适应市场变化的经营理念和营销方式，要树立崭新的营销理念，及时调整自己的营销策略，才能在激烈的市场竞争中生存和发展。

在市场经济导向下，电力企业应当改变过去建立在卖方市场基础上的旧供电管理模式，建立一个能适应市场需求、充满市场活力的市场营销体系和机制。电力营销必须采取市场导向的管理模式，把电力营销定位为供电企业的核心业务，电力的生产经营活动必须服从和服务于电力营销的需要。为此，电力企业要树立以下的电力营销新理念：第一，电力营销要树立营销策略建立在市场环境分析基础上的新理念。在电力营销中要加强需求侧管理，把握市场发展动态，对电力市场的潜力以及未来市场情况都要做出一定程序的评估，并以此为依据及时制定或调整发电、售电等生产经营目标，及时调整电力营销策略，有效地开拓市场；第二，电力营销要树立以用户需求为导向的新理念；第三，电力营销要树立优质服务理念。该

理念要求电力企业利用现代化手段健全电力营销的功能环节,提高服务质量和效率,同时企业内部机构设置、业务流程能够满足顾客需求导向要求,并尽可能借助社会化服务体系,在最大限度地满足客户服务需求的同时尽可能降低服务成本。①

二、电力市场营销新理念指导下的营销策略及其实施

(一)电力市场营销新理念指导下的营销总策略

在以市场环境分析为基础、用户需求为导向、优质服务为宗旨的电力市场营销新理念的指导下,将电力营销总体策略定位为可持续扩张策略,即以可持续发展为前提,以需求预测管理为基础,以用户需求为导向,以优质服务为宗旨,以满足用户需求、引导用户消费为中心,实行多种促销策略,不断开拓市场,实现电力用户价值最大化,进而提高电力企业的经济效益和社会效益。

在上述营销总策略的指导下,可以具体化为以下四个分策略:第一,优质环保产品策略。电能质量是电力营销的基础保证。清洁、高效、快捷是电能的优势,使用电能符合国家的环保能源政策,受到国家政策的支持和能源用户的重视,以此为契机作为能源市场的切入口在宣传和推广上打出环保能源的品牌,并成为形象设计的主要特点。同时,为了提高电力产品的质量,可通过电网结构,提高供电可靠性,改善电能质量,满足客户对供电质量、供电可靠性不断提高的要求,为电力用户提供优质环保的电力产品。第二,弹性灵活的价格策略。积极推行新的电价政策,处理好电度电价和基本电价的比例关

①高心. 电力市场营销[M]. 成都:电子科技大学出版社,2011.

系,在电价中应充分考虑各类费用因素,建立灵活弹性的电价体系,对不同类型的电力用户采取差别定价,争取最大的市场份额。第三,采取长短结合的渠道策略。根据我国实际情况,电力市场除采取发电公司—输电公司—配电公司—用户的长渠道销售外,在一定条件下还可采取分销短渠道,即发电公司通过签订合同直接向大用户批发销售电量,同时要求输电公司提供传输通道的有偿服务,各发电公司均有机会使用传输通道。第四,采取丰富多样的促销策略。促销的手段以人员推销和公共关系促销为主,以广告促销为辅,采取立体的、多方位促销方式,加强与电力用户之间的双向信息沟通,向用户传播电能、电力服务及电力观念等方面的信息,建立和完善各种社会关系,增强用户对电力企业的好感和信任,在促进电力企业销售的同时,塑造电力公司的良好形象。

(二)电力市场营销新理念指导下的营销策略的实施

在新形势下,要实现电力市场营销的可持续扩张策略,就必须做到以下几点。

1.优化供电品质,充分满足电力用户的需求

提高供电品质的基础是电网的建设与运行管理。为此,电力企业要充分利用市政建设、电网建设等机会,加快电网建设步伐,做好配电网络和设备治理的整体规划,统筹安排,逐步提高城市配电网的绝缘化、电缆化、自动化和信息化水平,并以强大电网为支撑,加强可靠性管理,不断提高供电可靠性,以随时随地为客户提供优质、连续的电力,满足各类用户日益增长的用电需求。

2.根据市场细分,采取弹性灵活的电力价格,扩大供电销售

在此基础上,采用灵活的电价政策,可实行质量差价和数量折扣,对一些对电压质量要求高的用户可适当提高价格,而对购电量大而稳定的用户应对其实施数量折扣,以充分满足不同用户的需求,扩大电力销售。

3.在信息技术支撑下,努力提高电力企业的服务和管理水平

建立配电自动化系统和客户服务计算机管理系统,进行数据共享,实现营销在线监控和营销信息自动采集,实施对电力市场营销全过程的计算机网络化控制与管理。通过配电自动化系统和客户服务计算机管理系统的建立,可以简化用电手续,规范服务行为,使用户享受到优质服务,并可以杜绝人为阻塞电力销售渠道的行为,满足各层次消费者的消费需求,在电力体制改革继续深化的新形势下,对电力营销提出了更新、更高的要求,电力营销逐渐成为供电企业的核心业务。在市场经济导向下,电力营销工作作为供电企业的主营业务,供电企业的生产经营活动应服从和服务于电力营销。电力营销工作的好坏成为电力企业生存和发展的关键。在电力市场由卖方市场转变为买方市场的过程中,电力企业为求得企业的生存和发展,在加强管理、提高效率、降低成本的同时,必须使电力营销观念由生产导向转为以顾客需求为导向的市场营销新理念转变。在该电力营销新理念的指导下通过对当前电力市场环境的分析,制定相应的电力营销策略,以有效开拓电力市场,创造高效益,提高电力企业在市场经济中的竞争力。

（三）树立以客户需求为导向的销售服务理念，构建新的营销体系

树立崭新的营销理念，建立适合当前市场需要的营销体系是电力企业在新形势下的必然选择。建立以市场为导向的管理体制和机制，为客户提供安全、可靠、经济的电力和快捷、方便、高效的服务。转变观念，增强电力企业职工的服务意识，提高服务质量。提高企业的信誉，增强企业的竞争力，进而扩大电力消费市场。供电企业必须顺应改革，建立和完善新的营销管理机制和市场营销体系，增强企业的应变力和竞争力，赢得市场，提高效益。采取立体的、多方位促销方式，加强与电力用户之间的双向信息沟通，向用户传播电能、电力服务及电力观念等方面的信息，建立和完善各种社会关系，增强用户对电力企业的好感和信任，塑造电力公司的良好形象。

强化全员营销观念的更新、合理设计营销组织体系，保证各项营销策略落到实处。加强对市场需求预测的研究，搞好市场调查和市场预测，提高市场预测的及时性和准确性。做好市场变化的跟踪分析，开发并形成目标市场分析软件系统。强化电力营销策略的落实，运用先进的通信、网络、计算机技术，为客户提供高效的、全方位的优质服务，以严格规范的管理对各项业务进行监控，实现企业的营销目标。

在激烈的市场竞争过程中，企业要抢占市场先机，不断占领市场、开拓市场，必然要使我们彻底放弃传统的思维观念和管理模式，通过学习与创新，带动工作创新、技术创新、管理创新，以市场为导向，以信息技术为平台，以打造高素质员工队伍为突破口，以建立和完善现代企业管理制度为基点，才能在激烈的市场竞争中立于不败之地,使企业的经济效益最大化。就营销工作而言,随着电力企业全面走向市场,它在电力企业的经营和管理中占有越来越重要的地位,犹如企业经营管理的晴雨表,营销业绩直接影响着电力企业的生存和发展。所以,在实际工作中,抓好营销,就是抢占市场。只有掌握了市场,才能驾驭市场。要想提高营销业绩,就要通过不断的学习与创新,提高营销效能,即工作效率和能力。

第二章　电力技术市场支持的管理系统

电力市场营销技术支持系统是一个以计算机、自动控制和现代通信技术为基础,能够为电力营销、管理、决策提供高效准确的数据采集、传输、加工处理和决策支持的计算机网络和自动化系统。

第一节　电力营销管理信息系统

一、电力营销管理信息系统的构成

电力营销管理信息系统是建立在计算机网络基础上的,覆盖电力营销业务全过程的计算机信息处理系统。电力营销管理信息系统从逻辑功能上可划分为四个层次:客户服务层、营销业务层、营销工作质量管理层和营销管理决策支持层。

(一)客户服务层

客户服务层是电力营销管理信息系统中与客户进行交互,为客户提供直接服务的软硬件系统的总称,是整个电力营销管理信息系统对外的"窗口"。客户服务层主要是通过营业厅、呼叫中心、互联网和客户现场等多种服务手段,负责收集客户的需求信息,并与客户进行沟通,为客户提供电力法规、用电政策、用电信息、用电常识以及用电技术等信息查询和咨询,实时受理客户通过各种方式提交的新装、增容与用电变更等日常业务以及投诉举报等服务。

(二)营销业务层

营销业务层是建立在客户服务层之上的电力营销管理信息系统的信息加工和处理中心,负责对客户服务层传来的业务需求信息以及所采集的大量客户信息进行加工和处理,并将处理结果反馈给客户服务层,是客户服务层的支持层。营销业务层主要实现新装、增容与用电变更、合同管理、电量电费计算、收费与账务管理、电能计量管理、负荷管理等功能,并将营销业务信息流按照标准化、科学化的管理原则和电力营销业务规范进行迅速、准确的处理。

(三)营销工作质量管理层

营销工作质量管理层是对客户服务层、营销业务层的工作流程以及工作质量实行监督管理的控制中心。营销工作质量管理层主要通过对营销业务、客户服务的监控以及对特定指标的考核进行管理,及时发现问题和不足,迅速予以反映,督促有关部门加以纠正。营销工作质量管理层的主要功能是营销工作流程控制、营销业务稽查、合同执行情况管理以及投诉举报管理等。

(四)营销管理决策支持层

营销管理决策支持层是电力营销管理信息系统的最高层,负责对营销业务层的业务处理信息及客户服务层收集的客户资料进行总体综合分析,提供管理依据和决策支持,并将决策信息下达给营销工作质量管理层、营销业务层和客户服务层。系统通过对客户服务层、营销、业务层、营销工作质量管理层等多方面的数据信息分析，以及对市场销售、客户信息、市场动向等指标的综合分析，按照不同的要求组成各种信息资源供营销管理决策层使用，实现为制定电力营销策略、电力市场策划和开发、电力客户分析、政策趋势、效益评估、公共关系以及电力企业形象设计等管理行为与营销决策提供科学的依据[①]。

二、电力营销管理信息系统的子系统

根据营销管理信息系统的总体目标要求及职能体系的分析，可以将营销管理信息系统划分为业扩报装子系统、电费管理子系统、用电检查管理子系统、电力市场分析预测子系统、营销综合分析及辅助决策子系统和电能计量子系统等六个子系统。

(一)业扩报装子系统

业扩报装管理子系统是整个电力营销管理信息系统的窗口。按照现行的业扩报装工作职能和计算机数据处理的特点，该子系统应包括以下功能：①客户基础信息的收集、录入，并在此基础上建立客户档案。②建立客户业扩报装申请档案，对申请单进行登录、分类、传递和查询管理。③工作单的登录、打印、传递、反馈和查询管理。④业扩报装工程进度管理。⑤窗口费用管理。⑥临时用电客户管理。⑦施工队伍管理。⑧供电线路管理。⑨低压配电网管理。⑩业务信息维护管理。⑪客户综合信息查询管理。

①顾玉洁. 电力市场营销战略的研究[D]. 镇江：江苏大学,2017.

（二）电费管理子系统

根据电费管理工作的特点以及对系统的总体目标要求、电费管理子系统应具备如下功能。

1. 数据采集功能

包括抄表管理、数据采集、数据审核等。

2. 电量电费计算

依据计算电量电费所需的数据信息计算电量、功率因数和最大需量，并在此基础上计算电费。

3. 收费管理

包括电费应收、实收、欠费的统计汇总，预收电费管理，与银行联网收费的账目处理及数据传输管理等功能。

4. 账务管理

包括建立并维护营销账目科目、凭证制作、凭证审核、账目管理和票据管理等。

5. 统计分析及查询管理

包括售电量、电费、平均售电单价的统计分析；按行业、用电性质分类统计售电量、电费、平均售电单价的增长情况；客户电能电费、基本电费、功率因数调整电费、峰谷电费构成情况；各类报表的统计、汇总和上报；所有客户情况和电力销售情况查询管理等。

（三）用电检查管理子系统

根据用电检查工作的特点和对系统的总体目标要求，用电检查管理子系统应具备以下的功能。

1. 工作计划制定

包括定检工作计划、定换工作计划、供用电合同签订计划、培训计划等。

2. 高、低压用电检查

高、低压用电检查人员应完成的电力企业日常用电检查工作,包括高、低压供用电客户的用电设备定期与不定期的检查,客户的计量装置更换、客户试验等。

3. 工程管理

用电检查人员对客户用电工程进行管理,包括确定供电方案、现场勘察、对工程的施工情况进行中间检查以及在工程竣工后对工程进行验收。

4. 停、限电工作

完成电力企业计划停电与非计划停电的工作,对事故性停电进行检查处理。

5. 客户影响电网安全的事故分析

配合有关部门对客户影响电网的安全事故进行调查。

6. 违章、窃电检查与处理

对客户违章、窃电行为,依据《电力法》《电力供应与使用条例》依法进行处理。

(四)电力市场分析预测子系统

根据电力市场分析工作的特点和对系统的总体目标要求,电力市场分析预测子系统应具备以下功能。

1. 工作计划制订

系统辅助制订各项工作计划,根据实际情况调整,形成各项工作的年、季、月计划。

2. 工作派工与工作任务调整

对工作人员进行派工并授予工作权限,临时对工作人员的

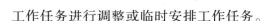

工作任务进行调整或临时安排工作任务。

3.工作情况分析与考核

对市场分析、经营业绩分析、典型客户动态分析、市场开发策略分析、市场开发策略效益分析、市场开发工作完成情况统计分析以及工作业绩分析和考核等。

4.市场分析预测

市场分析预测包括经营业绩分析和管理状态分析。经营业绩分析是指对各项影响经营业绩的因素进行统计、对比和分析,预测影响经营业绩变化的趋势。管理状态统计分析是指对市场调研人员的工作量、工作质量等进行统计分析,并根据考核标准进行考核。

5.市场营销策略研究

市场营销策略研究包括市场开发策略研究和市场营销策略效益分析。市场开发策略研究是指根据地区能源需求中电力能源所占比重的变化,分析电力销售市场发展趋势,研究其他可替代能源发展情况及政策调整,制定开拓电力市场策略。市场营销策略效益分析是指通过对营销策略实施情况的跟踪,分析营销策略实施效益,预测营销策略前景。

6.用电产品推荐

根据制定的用电产品促销计划进行用电产品推荐,并对产品应用情况进行跟踪。

(五)营销综合分析及辅助决策子系统

营销综合分析及辅助决策子系统的功能主要集中以下几个方面。

1.经营业绩分析

主要通过对售电量、售电单价、售电收入、电费回收和售电不明损失等因素进行分析,采用合理计算方法,对有关因素进行排序,找出各项因素相应改变的原因及变化规律,以便决策。

2.管理状态分析

主要通过工作质量、违窃电查处、职工素质、工作完成情况及客户反馈信息等数据,对职工工作进行评估,对违窃电因素进行分析,找出影响因素排序,以达到奖励与惩罚的目的。

3.市场开发策略分析

通过电力市场发展情况分析,对影响电力销售市场因素、其他能源发展趋势、电力销售趋势和典型客户需求及动态进行预测、决策分析,帮助制定开拓电力市场销售策略,甚至提出多种方案,供决策选择。

4.典型客户分析

通过电力产品销售情况、客户生产能力与计划、产品原材料市场等经营状态分析及客户用电情况分析等历史数据,对不同地区和同一地区的不同典型客户的用电、电费回收甚至窃电进行跟踪。

5.营销效益分析

通过对营销策略实施情况跟踪,分析影响因素的排序,同时可以进行策略效益前景预测,为决策提供依据。

6.数据仓库与挖掘

应用数据仓库与数据挖掘技术,建立数据仓库,随时为决策提供有效数据。

(六)电能计量管理子系统

根据电能计量管理工作的特点和对系统总体目标要求,电能计量管理子系统包括以下功能:①电能计量装置档案的建立及修改。②客户及系统变电所计量点档案的建立及修改。③标准设备和指示仪表的档案建立及修改。④电能计量装置的周期检定计划和定换计划的生成。⑤电能计量装置综合误差的计算和分析。⑥电能计量装置和标准设备及试验设备的分类检索、统计和报表的生成。⑦电能计量管理工作的日常事务处理。

第二节 电力客户服务技术支持系统

世界经济正在向一体化的方向发展,竞争越来越激烈,各种商品也由卖方市场转变为买方市场,电能作为一种特殊的社会商品,加上随着我国加入 WTO 和电力体制的不断改革,正在逐步打破垄断走向市场。

由于受计划经济的影响以及我国长期面临的缺电形势,使电力企业把主要的精力集中在电源建设与发展上,不同程度的存在"重发轻供不管用"的现象。电力工业的整体运营与市场经济和加入 WTO 的要求相比,在市场观念、竞争和效益意识、服务理念及电力服务科技水平等方面与国际先进公司存在着很大的差距。在市场经济条件下,随着信息技术的飞速发展和经济全球化趋势的不断加快,建立统一、开放、竞争、有序、透明的电力市场已成为我国电力工业改革和发展的必然选择。在这新的形式下,客户是企业利润的源泉,如何在激烈的市场竞争中,以优质的服务赢得客户、占有市场,在客户的愉悦和满意中取得企业的利润,是关系到电力企业生存和发展的重大问题。

一、电力客户服务理念

当今社会,每个企业的管理者都面临着这样一个现实,产品差异性越来越小,促销手段已经用尽,竞争对手越来越多,而客户的要求开始千变万化。如何脱颖而出,建立核心优势,赢得市场回报,方法只有一条:关注顾客、关注顾客需要,建立完善的顾客服务体系。客户服务已不单是售后服务人员或服务型企业员工关心的事,拥有持续竞争力的企业在战略层面即以深邃的客户需求先见能力而傲视群雄,构建一流的客户服务能力已成为企业竞争的最新焦点。服务需求的先见能力、服务系统的构建管理能力、关怀备至的服务能力是服务制胜关键的三部曲。电力企业尤其急需提升这样的能力,随着电力企业经营体制的转变和电力供需矛盾的缓和,电力的发展必须以服务求市场,以服务求效益,这使完善电力客户服务成为电力市场营销战略的重中之重。

(一)电力客户服务的含义

1."服务"的定义

(1)美国著名营销专家菲力普·科特勒的定义:"服务是一方能够向另一方提供的基本上是无形的任何功能和利益,并且不导致任何所有权的产生。它的产生可能与某种有形产品联系在一起,也可能毫无联系。"

(2)芬兰服务营销专家格鲁诺斯对服务的定义:"服务一

般是以无形的方式,在客户与职员、有形资源商品或服务系统之间发生的,可以解决客户问题的一种或一系列行为。"

(3)美国市场营销学会的定义:"服务是本质上不可感知和不涉及实物所有权转移但可区分、界定和满足欲望的活动。"

客户服务是一种机制、一种文化、一个体系,一种能够提供强大的持续销售能力的手段。广义上讲,任何能够提高客户满意程度的内容,都属于客户服务的范畴。

2."电力客户服务"的定义

以电能商品为载体,用以交易和满足客户需要的、本身无形和不发生实物所有权转移的活动。

(1)电力客户服务的目的是促进电能交易和满足电力客户的需要,最终目的是增加企业盈利。

(2)电力客户服务是无形的和不发生实物所有权的转移的。

3."电力客户服务"的基本特性

(1)服务的无形性:电力客户服务的本质是抽象的、无形的。

(2)服务的不可分性:电力营销服务和电能商品的销售是同步进行的,并且有客户参与。电力客户服务活动的发生,依赖于客户向电力营销人员提供其用电的基本情况和用电需求,也就是电力营销人员提供优质服务的全过程,即客户申请用电、办理业务和使用电力商品的全过程。

(3)服务的易变性:电力客户服务是不标准的、不稳定的。由于电力客户服务的生产与消费同时进行,使得电力企业无法在其产品到达客户之前对其不足与缺陷予以补救。而且电力服务无法标准化,不同营销、服务人员的行为表现会因人、因时而异,即使是同一人在不同时间所提供的服务也会不尽相同。

(4)服务的易逝性:电力客户服务对象不能像实体产品那样储存。电力客户服务只存在与电能被销售出的那个时间点。

(5)服务的广泛性:电力销售具有自然的行业垄断性,电力企业对客户没有可选择性,几乎面向全社会所有自然人和各行各业。因此,电力客户服务具有广泛性。

(二)电力客户服务理念

随着电力市场由"以产定销"过渡到"以销定产",市场要求将以生产为导向转变为以市场营销为导向的服务理念。所谓电力客户服务理念,是指以顾客需要和欲望为导向,通过售前、售中和售后服务将电能销售出去,使企业获利并满足客户需要的经营思想,也就是"发现需要并设法满足它们""制造能销售出去的产品"。

1.电力客户服务的理念与传统理念的区别

电力客户服务的理念与传统理念有着根本区别,它强调"以客户为中心,提供优质、方便、规范、真诚的服务"。归纳起来主要表现在以下几个方面。

(1)中心不同:传统理念以电力企业为中心,以产定销;电力客户服务理念则强调以顾客需求为中心,按需求组织生产,即以销定产。

(2)市场在生产经营中的位置不同:传统理念认为产品生

产出来以后才开始经营活动,即市场位于生产经营过程的终点,而电力客户服务理念则认为,应以市场为出发点来组织生产经营活动,所以市场处于生产经营活动的起点。

(3)手段不同:传统理念主要是通过各种手段推销生产出来的产品;而电力客户服务理念强调的是用整体营销手段来充分满足客户物质和精神的需求。

(4)企业的最终目标不同:传统理念下的企业以获得利润为最终目标,其经营活动以销出产品取得利润为终点;而电力客户服务理念下的企业则以企业成长壮大、稳定发展为最终目标,更重视通过客户的满足来获得利润,因而不仅关心产品销售,而且重视售后服务和顾客意见的反馈,既取得效益,又使客户高兴、满意,进一步促进企业的发展。

2.树立电力客户服务理念的方法

(1)全面理解客户服务是满足客户的需求:电力客户服务的核心是满足客户的需求,只有全面理解满足客户需求的内容,才能较好地落实在实际行动之中。

(2)树立全员参与的服务理念:全员包括电力企业决策者和一线职工。决策者在企业中担负着重要的职责,其指导思想正确与否将直接影响到企业的战略和战术决策,关系到企业的生存与发展,而一个企业营销目标任务的贯彻执行总是最终落在一线职工的肩上。只有企业的每一个成员都树立正确的客户服务理念,并将这个理念落实到具体行为中去,才能将理念体现在整个生产经营的全过程和各个环节之中。

(3)树立长期利润观点:电力企业只能在满足客户的需要之中获取预计的利润,因此不能只有短期目标、急功近利,而要从长计议,把整个企业营销活动看成一个系统的整体过程。要满足客户的需求并达到长期利润最大化的目标,企业必须既要考察短期利润目标,又要考察产品的市场占有率、投资收益等指标;不仅要看到市场上存在的、现实的消费者需求,还要分析潜在的需求。为了提高市场占有率,取得较大的市场份额,对于某些有购买潜力但短期内使企业获利甚微或可能亏损的客户,也要经营并提供电力服务,以求得长期利润的最大化。

(4)重组企业内部流程:企业内部的工作流程是由一定的经营思想决定的。在旧的经营思想指导下,以电力企业的需求为中心,电力企业对客户业务实行层层审批制度,环节运行缓慢,信息传递不畅。用电部门与生产、财务等部门缺乏紧密协作配合,没有形成全员营销思想,经常出现互相扯皮的现象。

在以市场为导向的客户服务理念下,电力企业应建立一个以满足客户需求为核心的整体工作流程,实施整体营销服务。客户服务部门接受客户电力需求信息,负责监督协调有关部门进行办理,并将处理结果反馈给客户,内外部信息传递快,审批层次少,工作流程简洁、效率高。同时,整个企业所有机构最终要对客户负责,形成各部门协同配合的大服务格局。

(5)建立现代电力营销服务体系:随着电力客户服务理念的树立,企业的经营管理体系也要相应变化。只有建立一套具有开拓、竞争、创新能力和现代化水平的电力营销服务体系,把对客户的服务贯穿于企业市场营销活动的始终,才能与现代客户服务理念相适应[1]。

---

①范甜甜. 基于电力市场营销的客户管理体系研究[D]. 济南:山东大学,2017.

二、电力客户服务体系

随着改革开放和社会主义市场化进程的推进,人们的生活质量不断提高,对供电质量及服务有了更高的要求,当前电力企业的服务方式和服务手段已不能满足社会发展的需求。同时,电力体制改革和电力市场的逐渐成熟,要求电力企业全方位的面向市场,努力开拓电力市场,提高电力企业的管理水平和服务水平,提高经济效益。

是否注重客户关系和服务管理是21世纪的企业竞争力的关键,电力企业及时调整电力营销体系和客户服务理念,建立一套具有开拓、竞争、创新能力和现代化水平的电力客户服务体系尤为重要。

(一)建立现代电力营销服务体系的前提——转变营销观念

计划经济时期形成的传统用电营业管理体制,是集政企于一体,办事程序复杂、工作效率低下、服务方式简单、营销意识薄弱、部门之间不协调等"坐等"上门的用电管理体制。在这样的管理体制下,树立电力客户服务理念可以说是一句空话。

由于人们的决策和行动是取决于观念的,要想建立现代电力营销服务体系,首先要从转变观念开始,由传统经营观念向现代经营观念转变。

从美国企业经营观念的演变来看,大致经历了生产观念、产品观念、推销观念、市场营销观念、生态观念、大市场营销观念等几个阶段。前三种观念主要以企业产品为出发点、以生产为中心,企业不重视市场调研,不关心顾客需求,称之为传统经营观念。市场营销观念及其他新观念则以顾客需求为出发点,以消费者为中心,企业经营的出发点、目标及实现目标的手段也随之发生了根本的变化,称之为现代经营观念。其重点是满足消费的需求,"一切为了顾客需求"是企业制定一切工作的最高准则。电力企业的经营环境正在发生着重大变化,其经营观念也一定要与这种变化相适应,只有这样才能引导企业不断发展。

1.树立改革创新观念

在市场竞争经济条件下,企业在激烈的竞争中能否生存、发展,最终取决于企业是否具备核心竞争力。而核心竞争力的核心就在于创新,创新是培育企业核心竞争力的根本途径,也是形成竞争优势最重要的动力和源泉。对电力企业也不例外,我们也应该按市场经济规则和要求,调整我们的思维方式、工作方法和经营方针,建立起具有开拓、竞争、创新能力和现代化水平的电力营销服务体系,以优质的电能和高质量的服务满足全社会对电力的需求。

2.树立市场竞争和效益观念

电力企业走向市场已是定局,原来依靠国家计划平衡的许多重要生产要素已经或正在转向市场,电力企业原本依赖于在国民经济中占有特殊地位而获得的许多优惠政策已迅速消失,同时在某些发展潜力较大的用电市场也出现了越来越多的替代品,使电力企业开始感受到销售市场的压力。

效益观念是企业处理自身投入与产出之间关系的经营思想。企业可视为一个资源转换器,以一定的资源投入,经过内部的转移技术,转换出社会和市场所需要的产品。经济效益是产出和投入之比,这个比率越大,经济效益就越高。效益观念的本质就是以较少的投入(资金、人、财、物)带来较大的产出(产量、销售收入和利润),这也正是我们提倡的集约化经营方式的核心。

总而言之,电力企业必须以市场需求为导向、以优质的服务为手段、以最大限度满足客户需求为中心,树立效益观念,最大可能地实现经济效益和社会效益的统一。

3.树立优质服务观念

市场竞争归根结底是争夺消费者。有人曾提出,在21世纪,一切行业都是服务业。服务是厂家与顾客面对面的交谈,服务的好坏直接影响到顾客对企业的印象。实际上,顾客通常是根据服务的质量来判断一个企业的整体素质并确定合作的可能及信赖的程度,但凡兴旺发达的企业都离不开高水平的优质服务。

优质服务就是一切从市场出发,急客户之所急,想客户之所想,保电量、促市场,"销售产品首先是销售形象"。例如,积极协助对大中客户电气设备的检查、维护,为客户检修服务时,在保证质量的前提下,让客户尽快恢复用电,为客户节约成本,电网的检修工作尽可能安排在客户休息日进行。

优质服务给客户带来了方便、快捷和舒适感,能让客户以最快进度用上电,供电企业也能增加售电量,但更体现在树立供电企业良好的市场形象和塑造品牌上,所以我们应该将优质服务工作经常化、制度化纳入企业日常工作的范畴。

4.树立科技创新和人才开发观念

知识经济的繁荣不是直接取决于资源、资本、硬件技术的数量、规模和增量,而是直接依赖于知识或有效信息的积累和利用。当今世界各国综合国力竞争的核心,是知识创新、技术创新和高新技术产业化,而掌握科技、知识的是人,敢于创新的还是人。

当前我国社会主义市场经济体制已初步建立,但适应市场经济和现代化建设需要的科技创新机制尚未完全建立,依靠科技进步促进经济发展的机制尚未完全建立,科技成果转化率不高,企业缺乏科技创新的积极性,这些都是阻碍企业发展的重要因素。

电力企业在市场经济条件下遇到的种种竞争,最终都归结为技术和人才的竞争。"现代化"和"国际一流"战略构想的实现,要求电力企业具备一流的人才、一流的技术和一流的科技创新体系。不仅要重视对各级领导人才的培养、选拔和使用,更要大力加强营销队伍建设,努力提高营销人员素质,使之适应日新月异的科技发展变化,学会运用高新技术来丰富、完善企业营销服务手段,以一流的人才、一流的技术,创出一流的服务。

5.树立依法经营观念

市场经济是法制经济,依法经营是企业健康的基础。一方面要严格遵照执行法律规定(《电力法》《电力供应与使用条例》《中华人民共和国价格法》《中华人民共和国合同法》);另一方面也要善于运用法律手段来维护电力企业的合法权益。

三、建立适应市场经济要求的营销服务体系

(一)基本目标

建立适应市场经济要求的营销服务体系的基本目标是:适应社会主义市场经济的深化改革与发展需要,逐步建立以市场需求为导向,以满足客户需求为中心,以引导客户消费并取得经济和社会效益相统一的新型营销服务体系,实现在客户得到满足并能感到愉悦中获得企业利润的目的。

(二)基本原则

1.以满足客户需求为中心的全方位服务原则

(1)使客户明白电力企业能向他们提供什么服务,如何提供,提供的原则精神是什么?重要的是要把这些需要客户明白的方面告诉他们。例如,山东电力的"三个转"和"三个一"(客户经理围绕客户转、项目经理围绕客户经理转、供用电服务内转外不转;一口对外、一站服务、一次做好)。

(2)在全体员工心中树立起优质服务的企业宗旨,只有全员都树立起以客户满意为出发点和落脚点的服务理念,才能将其较好地落实到具体行动中去。

(3)拓宽服务渠道,延伸服务领域,健全服务网络。

(4)结合实际,因地制宜,依靠体制、机制创新和技术进步,给广大客户提供"零时间、零距离""足不出户,方便快捷"的全新服务方式和服务内容。

2.集约化和扁平化管理相结合的原则

集约化管理是现代企业集团提高效率与效益的基本取向。集约化的"集"就是指集中,集合人力、物力、财力、管理等生产要素;进行统一配置,集约化的"约"是指在集中、统一配置生产要素的过程中,以节俭、约束、高效为价值取向,从而达到降低成本、高效管理,进而使企业集中核心力量,获得可持续竞争的优势。

扁平化管理是指相对传统的分级负责、多层管理而采取的一种现代组织管理模式。它主要体现在减少中间管理层次,增大管理幅度,从组织结构形态上看呈扁平化模式,因而称之为"扁平化管理"。扁平化管理主要有以下几点优势:①减少了管理层次,从而节约管理成本。②由于减少了管理层次,致使信息传递速度快、失真小。③实现了管理层与操作层直接沟通,相互负责,减少了中间传递协调环节和层次,工作节奏加快,工作效率提高。④由于操作者直接对领导负责,从而提高了操作者的工作热情,激发其工作潜能。

3.以市场为核心,开拓市场、提高效益的原则

以市场为核心,也就是以营销为核心。市场经济条件下的企业管理一般包括营销管理、生产管理、人事管理和财务管理四大管理功能,以市场为核心,强调其他功能管理应支持营销管理服务于市场,企业的一切经营战略、活动应围绕市场展开。对于电力行业,主要是从人力、组织、资金等方面加强对电力客户以及电力市场的调研和分析,对电力市场进行细分,根据客户的用电规模、行业特点、消费心理等因素进行综合分析,形成电力销售目标市场。

4.网络化、信息化管理,提高效率的原则

美国著名管理学权威彼得·德鲁克说:"世界的经济与技术正面临一个不连续的年代,在技术和经济政策上,在产业结构和经济理论上,在统领和管理的知识上,将是一个瞬息万变的年代。"

适应网络时代变化的营销组织要求反应迅速、沟通畅通,加强企业内外的协调和互动。实行网络化、信息化管理的目的是为了用更少的投入获取最大的效益,信息化管理是企业为达到其经营目标而必须借助的一个重要的工具和手段。

对于电力企业来说,网络化自动化管理主要体现在两个方面:第一,企业内部组织网状化。将多层次从上到下的金字塔型的管理系统进行扁平化、内部网络化,重新设计和优化企业的业务处理流程,使企业内部的信息传输更便捷,实现信息资源的共享,拆除传统的一层一级的管理模式,使管理者与员工、各部门之间的交流和沟通更直接,提高管理效率,降低管理成本。这其实是企业在走向网络化、信息化之前应做的工作;第二,信息传递自动化。应用网络技术使电力客户用电请求从受理到办理各环节之间的信息传递以及企业不同层次之间的信息交流效率大大提高。

(三)主要职能

1.客户服务层

客户服务层是通过营业窗口、呼叫中心、互联网和客户现场等多种服务手段,为客户提供用电信息、电力法规、用电政策、用电常识以及用电技术等信息查询和咨询,实时受理客户通过各种方式提交的新装、增容与用电变更、日常营业、投诉举报等业务,并直接为客户提供服务。其工作目标是为客户提供高效、便捷和优质的服务,树立电力企业的良好服务形象,为电力企业赢得市场竞争优势。

2.营销业务层

营销业务层的工作包括新装、增容与用电变更,合同管理,电量电价电费计算,收费与账务管理,电能计量,负荷管理等。其工作目标是将营销业务信息流按照标准化、科学化的管理原则和电力营销专业规范进行迅速、准确地处理。

3.营销工作质量管理层

营销工作质量管理层工作主要包括工作流程控制、营销业务稽查、合同执行情况管理以及投诉举报查处等。其工作目标是通过对营销业务、客户服务的监控以及对特定指标的考核进行职能管理，及时发现问题和不足，迅速予以反应，督促有关部门加以纠正。

4.营销管理决策层

营销管理决策层工作可以概括为：通过对营销业务层、客户服务层、营销工作质量管理层等多方面的信息流，如市场销售、客户信息、市场动向等指标的综合分析，形成管理决策。其工作目标是制定营销策略、市场策划和开发、客户分析、政策趋势、效益评估、公共关系以及企业形象设计管理。

四、电力客户服务技巧

（一）客户服务技巧的概念和实质

客户服务技巧是一种服务的艺术，而不是一种管理的方法。服务技巧运用得当可以使看似不可能的事情，出人意料地取得成功；而运用不当或无技巧也可能使表面上水到渠成的情陷入绝境。客户服务技巧的前提和基础是真正树立起电力客户服务的理念，如果没有这个坚实的思想基础，很有可能将服务技巧的运用理解为对客户一时的应付或欺瞒，最终会给客户造成伤害，进而影响企业的发展。

电力企业拥有广大的客户群，客户服务技巧直接影响客户服务的效果，客户服务各环节的技巧运用得当就能促进服务流程的运行更加顺畅。

(二)一般服务技巧

一般服务技巧主要指语言交流技巧,这里的"语言"除了口语之外,还指通过某种行为或外在的形象,使客户接收到的一种特殊的、广义的语言信息。主要包括心理语言交流技巧、口头语言交流技巧和形体语言交流技巧等。

1.心理语言交流技巧

心理语言交流技巧强调必须注意与客户之间心理上的相互回应。服务人员如何影响客户,客户反应如何,而服务人员对客户的反应又是如何回应?依据这些心理上的基本原则行事,就将赢得客户。

受客户信赖的工作人员与客户相处时,具备设身处地体会他人心境的能力。一项服务活动的成败,通常取决于服务人员是否能将其意愿成功地与客户的愿望及问题相协调。要使客户有一种被尊重的感觉,从而刺激客户的消费心理,加深本企业在客户心目中的印象。

2.口头语言交流技巧

服务人员的态度对客户的想法和将来的选择是非常重要的因素。在口头语言交流中要注意以下几点。

(1)要使用规范的文明用语:国家电力公司明确规定了《文明用语、忌语》。

(2)不要说不:电力公司实行"客户服务首问责任制",即任何岗位的供电职工,在接到客户的任何电话时,都不能说诸如:"我不知道""这不是我的事"之类的用语。

(3)使用各种随机性语言:这样更易表现出机智和服务的针对性。在解释客户的问题时,应避免使用本行业内部的专业术语——不要苛求客户精通服务人员的专业知识。

（4）微笑服务：微笑有助于使声音听起来友好、热情和令人接受。同一句话可以说出不同的效果。

（5）语调的变化和音量、语速的控制：语调的变化是声音的上下波动，如果没有这种变化，声音听起来就像是自言自语。音量不宜过大或过小，语速不宜太快或太慢。

3.形体语言交流技巧

形体语言是一种持久的、非言语的思想交流。国外一所大学对如何从他人那里获取信息的问题进行了专项调查研究。这项研究表明，当和他人面对面时，绝大多数信息来自形体语言，较多的信息来自语调，极少的信息来自话语。

在形体语言交流中要求工作人员要讲究仪表，统一着装，体现出良好的精神面貌，给客户以朴素自然、健康向上的美感和心理上的一种安全感、舒适感，要始终以真挚的感情去接待客户。客户消费心理的养成与经营特色有关，更重要的是与服务人员的服务质量有关。例如要求具体做到：笑脸相迎、主动配合、耐心服务、热情相送。当然，由于各国的文化习俗不同，还应注意身体语言所含的信息也不尽相同。

（三）售前服务、售中服务和售后服务技巧

按服务过程划分，即以发生电能交易为分界点，分为售前服务技巧、售中服务技巧和售后服务技巧。

1.售前服务

指电力客户具有用电意向到装表接电过程中，电力企业所提供的服务。主要包括：向客户提供用电业务咨询服务、申请登记、现场勘察、确定供电方案、营业收费、业扩工程设计与施工、中间检查、装设计量装置、竣工验收、签订供用电合同、接火送电、建档立卡及业务变更等工作。

当今的市场趋势是,很难有一种商品长久地、大量地占有固定的客户群,客户的选择性越来越强,讨价还价能力与日俱增。有种观点认为电力客户群是恒定不变的,不存在电力客户流失的问题,这是极其错误的。

售前服务是供电企业客户服务的第一个环节。在此阶段,虽然电能交易还没有发生,但是事实上各项前期费用的交易已经发生了。在这里,不仅要服务当前客户,还要影响潜在客户的选择。事实上一个大客户是选择建自备电厂,还是直接从电厂购电;居民生活是采用燃气方式,还是使用电能;是以电能为主,还是以其他的能源为主——客户服务技巧都将极大地影响客户的选择。

2.售中服务

指企业在客户用电过程中所提供的服务,主要包括各类定期服务(如日常营业、电费抄核收、电能表轮换校验等)。售中服务技巧主要强调提供灵活的服务方式、良好的服务态度和必要的服务设施。灵活的服务方式能为客户提供尽可能多的方便条件,良好的服务态度是指在服务过程中说话和气,认真解答客户提出的各种问题,向客户讲明注意事项,指导客户用电。在这一过程中,要避免发生任何对客户不负责任的言行,不能以为已经争取到的客户就不必用心呵护了。应明确一个观点:获得一个新客户的成本比保留一个老客户的成本要大得多。

3.售后服务

指企业在客户用电后,通过开展各种跟踪服务改进客户用电质量的活动,主要包括受理客户投诉、征求客户意见、提供紧急用电服务、质量保证、操作培训等。在公用性服务行业,特别是在供电行业,真正的服务始于售后。客户满意观念一定要成为电力职工的自觉意识。售后服务工作可以归纳为两大方面:支持服务和反馈、赔偿。售后服务不仅可以直接影响到客户满意度,还可以对产品销售中出现的失误给予补救以达到客户满意。在电能售后消费阶段,影响客户满意的主要因素包括现场管理的有序性、服务流程的高效率、沟通的有效性。

(1)现场管理的有序性:包括服务人员对营业厅的布置,对客户参与服务的管理、对客户相互影响的管理。有序的经营现场给客户留下的印象是客户判断服务质量的重要依据。

(2)服务流程的高效率:指服务人员向客户提供所需服务的反应要快、服务效率要高。高效率的服务流程可以缩短客户等候服务的时间,可以精简各服务步骤,能够尽快给客户以决策答复,在服务的标准化、熟练度等方面给客户留下好的印象,最终影响客户满意度。

(3)沟通的有效性:服务中的沟通是双向的,既包括服务人员主动向客户介绍参与服务的方法和传播服务的可信任特征,也包括客户向服务人员清晰表达自己的要求。只有取得有效的沟通,才能提供令客户满意的服务。要取得有效的沟通,企业就要通过服务人员的工作帮助客户积累有关知识,帮助客户能够明确提出自身的服务要求,并取得客户的配合,合理提高客户对服务过程的控制力,从而提高客户满意度。

（四）集团消费与个人消费服务技巧

按用电对象，分为集团消费服务技巧和个人消费服务技巧。集团消费泛指企事业单位、私营业主和个体用电，一般单位用电量较大。个人消费是指居民家庭生活用电，一般其单位用电量较小，但是客户群较大。

不同的电力客户有着不同的电力需求规律，电能购买动机的不同，导致了购买行为模式的差异。对顾客分别接待是搞好服务的一项重要原则。分别接待就是有针对性地提供服务，尽可能地满足不同层次顾客的实际需要和心理需要，就是把每一个顾客都当作"个人"来接待。柏拉图成功法则表明：以80%的投入，只能获得20%的成果。进行市场细分，确定目标客户，将时间投入在正确的客户身上，以"20%的投入"可获得"80%的成果"，所以区分哪些人是为电力公司带来80%成果的客户就显得十分重要。

1.大客户服务技巧

目前，对于大客户的界定方法不一，有的是按变压器容量来计算的，有的是按月度用电量来计算的。此处的大客户主要指对电力依赖性大的制造业客户，这类客户对稳定用电量起主导和支配的地位。其特点是，单位数量少，但其用电量占电力企业售电量的比重大，他们维持着电力市场的稳定。这一部分客户，是电力企业赖以生存和发展的主要支柱。采取的基本策略是重点支持、鼓励他们进行电力消费。在大客户服务技巧上，建立和这些大客户的联系是首要的任务。可供选择的方式有以下几点。

（1）客户公司里重要的活动或纪念日建档，并亲自或以书面方式予以祝贺。

（2）定期拜访并特别的去维系与他们的关系。

（3）成立一个客户咨询委员会，让符合特定条件的客户参加。

（4）成立客户俱乐部，发给客户会员卡，让持卡人享受优待或地位证明。

（5）每个月为特别的客户提供一个特别的优惠服务。

对大客户工作，企业主管人员要亲自抓，例如有的企业就建立大客户管理部。要充分关注大客户的一切公关及促销活动、商业动态，并及时给予支援或协助。大客户的一举一动都应该给予密切关注，利用一切机会加强与大客户之间的感情交流，例如客户的开业周年庆典、客户获得特别荣誉、客户的重大商业举措等，大客户管理部门或相应的职能部门都应该随时掌握信息并报请上级主管，及时给予支持和协助。

2.中客户服务技巧

中客户，指用电量适中、需求稳定的那部分客户，其单位用电量小于大客户，但数量超过大客户。作为开拓电力市场的重点目标，他们是电力市场的主要增长点，对实现售电量目标至关重要。这一群体包括中小企业、私营业主、个体经营者等，仔细观察这些客户是值得的。采取的策略是积极扶持用电，培植电力市场新的增长点。

纵观目前国内消费市场不难发现，绝大多数厂家和商家在启动服务时都存在滞后的现象，即采用"补救性"服务明显多于采用"前瞻性"服务。简言之，企业似乎更愿意在商品售出后对用户进行跟踪服务，而不习惯在消费者选购阶段就及早介入、提前引导。这不仅遏制了企业在引领消费方面的主观能动性,而且也使得消费者因缺乏有针对性的指导而不能随心所欲。针对这一客户群,电力部门应该在其流露出用电意向前即先期介入,真诚地为他们设计出科学合理的用电方案,根据需求进行"度身定做"。

3.居民客户服务技巧

居民客户的特点是,较之大客户和中客户,他们用电量小,但数量庞大,服务环节复杂,一般以家庭为用电单元。这一群体一般不具备电力专业知识,缺乏基本的用电常识,管理难度比较大,容易发生用电损耗,也是投诉的高发群体。发达国家的用电市场表明,这一群体的用电量所占比重远远超过其他各类用电。但在我国的现阶段,这一群体一直处于低水平用电状态,从长远看增长潜力很大。对待这一群体,要采取引导和刺激消费的方式,调动他们的用电热情,挖掘他们的用电潜力。主要途径有以下几点。

(1)"一对一"的服务:随着居民生活用电占社会用电量比重的不断提高,开拓居民生活用电市场,已成为挖掘用电潜力的重要措施之一。为鼓励居民多用电,市场细分到户,服务到家,已经成为通行的做法。如近年来,实施居民用电"一户一表"工程、电气化居民小区、电气化村(镇)等,与营销服务相结合,开发了重要的电力增长点。某电力公司确定了对居民客户月用电量实行梯度电价优惠的政策,取得了良好的效果。

(2)"顾问式"的信息咨询:及时地传递有关核心产品的信息,可以缩短客户寻找信息的时间,促进产品的销售速度。除通过广告提供一部分信息之外,企业还可以通过服务人员、小册子及公告提供一些信息。近几年又出现了更先进的方式：如使用录像机、触摸屏和计算机网络，这些方法都可以满足客户的信息咨询要求。在信息咨询方面，特别要强调服务人员与客户之间的直接交流。这种对话的方式不但有效而且富于人情味，可以促进企业与客户之间的关系。在这个过程中，服务人员应对客户所处的形势有一个清晰的了解，引导客户说出他们自己的困难，并引导他们解决问题。

（3）"实物化"的演示：用电操作与使用都要符合一定的程序，违反技术操作有时会危及人们的人身安全，因而用户在新上电后非常希望了解如何操作使用以及有哪些注意事项。特别是居民客户在正确使用电器方面存在较大的局限，充分利用宣传册、演示传授操作技术是十分必要的。当前，许多电力公司的客户服务中心里都设置了电器演示室，并配备了专门的人员。演示操作与解说作为客户服务活动中的一个重要组成方面，应该让客户花费最小的气力来学会如何操作和使用，特别是技术复杂的设备，服务人员更应该讲究这方面的技巧。

（4）"社交化"的联系：社交联系即企业主动与客户保持联系，不断研究和了解客户的需要和愿望，向客户赠送礼品和贺卡或者建立用电联谊会等，表示友谊和感谢。美国技术协助研究机构调查，只有1/3的客户是因为产品和服务有毛病而不满，其余2/3的问题均是因沟通不良而发生。建立"社交"联系能够"不间断"地了解客户的需求和意见，以便向客户提供更满意的产品和服务。窗口单位服务人员要做客户"可亲、可爱、可信、可交"的朋友，做超出业务之外的朋友。

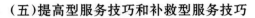

(五)提高型服务技巧和补救型服务技巧

按服务功效,分为提高型服务技巧和补救型服务技巧。企业与顾客之间的一切往来都是为客户服务。这些服务一般体现为两种形态:一种是通过服务让客户由衷地感到满意,甚至愉悦,这种"锦上添花"式的服务技巧,可以概括为提高型服务技巧;另一种是通过服务活动,纠正工作失误,消除负面影响,这种"雪中送炭"式的服务技巧,可以称之为补救型服务技巧。

1.提高型服务技巧

提高型服务技巧是以向客户提供超值服务为手段,以让客户满意乃至愉悦、提高忠诚度为目的,应用范围十分广泛。可列入提高型优质服务表现如下。

(1)对客户的问询以及客户碰到的难题迅速做出反应。

(2)昼夜服务,及时回访客户,采取一切措施简化业务往来。

(3)公司上下各部门员工,都同客户友好相处。

(4)尽量为每个客户提供有针对性的个别服务。

(5)对产品质量做出可靠承诺。

(6)在所有交往中表现出礼貌、体贴和关心。

(7)永远做到诚实、尽责、可靠地对待客户。

(8)让客户的钱始终能发挥出最大的效用。

2.补救型服务技巧

补救型服务技巧是在非正常情况下,采取应急措施消除客户负面情绪、挽留客户的服务技巧。在客户服务工作的关键环节,起到出奇制胜的作用。在通常情况下,投诉是难以避免的。在公用性行业中,顾客投诉更是屡见不鲜的,并且这种投诉通常被认为是带有明显敌意的行为。投诉必定发生,但如果处理得当,弥补损失使客户感到愉悦,坏事又何尝不能变成好事? 妥善处理客户投诉——补救错误的技巧,是格外值得注意和研究的。

(1)客户抱怨的原因:了解补救型服务技巧首先应提一个问题:"客户为什么抱怨?"对供电力企业来说,客户抱怨一般有以下几种因素:①提供的电能品质不良。②提供的服务欠佳。③服务效率低。④工作质量差。⑤缺乏语言技巧。

(2)善待抱怨:首先,我们应先搞清楚一个问题,一个抱怨的客户会成为最好的客户吗? 美国柏克顾客满意协会针对1179位百货公司消费者体制改革做的研究指出,最常向百货公司投诉的客户,通常也正是该公司最忠实的主顾之一。也就是说,如果客户投诉的理由成立,则这个抱怨的客户很可能就是企业最有价值的资产。客户抱怨,出于对企业抱有可贵的信赖与期待,同时,也提示了企业的弱点所在,帮助企业发现种种不安全的因素。

每留住一位客户,也就等于免去了为赢得一位客户所花费的精力和其他的投入——牢记这句话,你将有勇气面对来自客户的愤怒,并且迈出平息客户愤怒的第一步。只要客户投诉,就不必指望这种负面能量以很温和的方式发泄出来。有时客户投诉是为解决用电中的某个具体问题,有时则纯属想发泄被压抑的情绪,有效解决愤怒反应需要相当的人际关系技巧。

(3)摆脱困境:当企业对客户犯了错误时,补救的主动性可以帮助客户恢复他们失去的尊严、信心或信任。此时的任务不仅是要解决问题,还应利用时机让客户确信企业将致力于提供最高标准的服务。

供电企业经常接触的投诉主要有两种:一种是直接对话投诉,如通过电话或找上门来投诉;另一种是不直接对话的投诉,如书信投诉。在应对第一种情况时,至少应该注意以下几点:第一,要乐于倾听,即使要作解释或辩解,也一定要留出时间让客户倾诉他们的不满;第二,倾听完投诉,负责接待的人员必须立即表态。首先表示真心实意的感谢,把投诉看作对企业或部门的爱护;其次拿出处理意见,若不能立即解决的也应向客户保证在一定时限内处理,在这里切忌轻易许诺。对信函投诉,应记下对方的通信地址,在处理时限内尽可能快地处理完毕后,立即向投诉人反馈。在对客户提供服务的过程中,有一些有助于弥补损失但又事半功倍的办法,如专门设立客户投诉接待室,让客户坐下并提供一杯茶(对客户的心理研究表明:人们在站着时更有可能侵犯到别人的空间,因而显得有威胁性);真诚地说一句"对不起",把自己放到客户的利益那一方,使客户感觉到你对他处境的理解;可以从批发商那里低价批量购买一些礼物,专门用来弥补客户损失时作为赠送的礼品;也可以把弥补客户损失当作一次推销活动。例如,可以赠送免费礼券,希望客户再购买更多的电能时少支付一部分价格。

3.对待挑剔的客户

不可否认,客户并不总是通情达理的。但是,在任何时候也不要轻言放弃,因为留住了客户,就是留住了市场。如果遇到爱挑剔的客户,也要婉转忍让,至少要在心理上给这样的客户一种如愿以偿的感觉。对于如何争取挑剔的客户,专家提出了六个步骤。

(1)让客户发泄:当客户烦恼时,他们想要做两件事:首先,他们想表达自己的感情;其次他们想解决问题。如果试图阻止他们发泄,将使客户的烦恼升级为愤怒。服务人员确实需要让客户知道服务人员是在用心去听他们的烦恼。切忌把它看作是针对自己的,服务人员仅仅是他们要发泄的对象。

(2)避免陷入负面情绪之中:与挑剔的客户之间的摩擦经常会因服务人员如何理解他的行为而使事情变得更糟。面对一个挑剔的客户时,当一个服务人员想:"怎么遇上了这么不讲理的人!"这时,一种看不见的负面情绪就来到了服务人员和客户中间。从此,对待客户的方式就会因负面情绪而被扭曲。走出负面情绪的方法就是转入服务情绪。服务人员可以通过问自己这样的问题来达到这一目的:"这位客户需要什么,我如何才能满足他的需求?"通过改变所注意的目标,就会找到需要解决的问题。

(3)表达对客户的理解:简要而真诚地对客户表示理解,会产生奇迹,使客户平静下来。虽然服务人员并不一定同意他们烦恼的原因,但已经架起了与客户之间的桥梁。

(4)积极解决问题:帮助客户澄清问题的症结所在,不要犯经验主义的错误,而错过了特殊的细节。要收集所需要的任何附加信息,重复检查所有的事实。

(5)找到双方一致同意的解决方法:不要许诺做不到的事情,当告诉客户您要做什么时,一定要诚实、实际。

(6)跟踪服务:通过对客户的跟踪服务,如打电话、发邮件或写信等方式来检查解决方法是否有效,并继续寻找更合适的解决方法。

五、电力客户服务技术的支持系统

(一)电力客户服务技术支持系统简介

为了适应电网商业化运营,不断开拓电力市场,需要运用现代通信网络技术,建立现代电力客户服务中心体系。通过现代电力客户服务中心为客户提供用电报装、电费查询、事故抢修、咨询和投诉等服务业务。

电力客户服务技术支持系统是基于电话、传真机、互联网等通信和办公自动化设备的交互综合信息服务系统。客户可以通过电话接入、传真接入、访问互联网站等多种方式进入系统,在系统语音导航或人工坐席帮助下访问系统的数据库,获取各种咨询服务或完成事故的处理等。

(二)电力客户服务中心实现的功能

1.基本功能

电力客户服务技术支持系统实现的基本功能包括电话服务功能、传真服务功能、E—mail 服务功能、短信息服务功能、全数字会议服务功能、传呼服务功能、基于 Web 的服务功能以及坐席呼叫服务功能等。

2.业务功能

电力客户服务技术支持系统实现的业务功能包括用电业务咨询、电力故障抢修、用电业务查询、电力业务受理及其他功能等。

(1)用电业务咨询:客户通过电话或互联网上的浏览方式

得到所需的信息。客户电话拨入后,系统自动语音提示,通过按键与系统进行交互,客户自助查询所需资料,包括电力政策法规、业务处理流程、电量电费、停电通知、服务措施等。客户也可以选择坐席代表进行人工咨询,还可以通过电子邮件、短信息、网上下载等方法从互联网上获得所需的信息资料。用电业务咨询的内容主要有申办用电业务、办理业务申请手续、用电新装及增容、过户、电表故障、移表、拆表和改电价等杂项,电力法、电网调度管理条例、供电营业规则等有关法规条例的查询。

（2）电力故障抢修:通过呼叫中心人工坐席应答,受理各类电力故障报修并迅速做出反应。系统能根据故障地点、性质以计算机网络流程、电话、短消息等方式通知相关抢修部门进行抢修。故障处理完毕后,将恢复供电信息反馈给客户并接受客户监督。

（3）用电业务查询:用电业务查询通过人工交互式受理。受理人员根据客户要求,从服务质量标准数据库、电费数据库和其他相连的数据库查询资料,然后通过语音方式播报资料或送到客户指定的传真机或其他终端设备上。用电业务查询的主要内容有电价查询、电费查询、电费单查询、欠费查询,所申办的业务办理进程查询、故障申告处理结果查询、客户投诉处理结果查询等。

（4）电力业务受理:电力业务受理是通过电话人工应答或互联网上录入信息,受理客户的各类新装、增容等用电业务,形成工作任务单,传递到电力营销管理信息系统流程进行处理。处理完毕后,将受理情况通过网络反馈到客户服务系统,形成闭环流程管理。所受理的业务内容主要有:居民用电新装及增容,低压三相、动力用电新装及增容,高压用电新装及增容,客户改名、过户,电表故障、移表、拆表等。

(5)其他功能:包括客户投诉与建议、欠费催缴与信息通知、停限电预告、业务监督以及客户服务数据分析等。

第三节　电力自动抄表与客户交费支持系统

一、电力自动抄表系统

(一)电力自动抄表系统概述

电力自动抄表系统是指由主站通过传输媒体,即无线、有线、电力线载波等信道或IC卡等介质,将多个电能表用电能量的记录信息自动抄读的系统。电力自动抄表系统不仅解决了抄表难的问题,而且提高了电力系统防窃电的能力和电力企业现代化管理的水平。目前有以下几种自动抄表系统。

1.远红外手持抄表系统

远红外手持抄表系统是一种利用红外线为载体来传送数据信息的抄表系统。

2.电力线载波抄表系统

电力线载波抄表系统是一种利用电力线作为通信介质进行数字通信的自动抄表系统,具有无需特殊施工和成本低廉的特点。

3.无线电抄表系统

无线电抄表系统是一种基于全球移动通信网络所提供的短信息和数据业务等传输功能,来完成对所采集的数据快速、准确地传输的一种自动抄表系统。

(二)电力自动抄表系统的原理及应用

改革开放以来,随着我国社会经济的快速发展和科学技术的不断进步,电力系统智能电网、数字化营销网络建设突飞猛进。智能化、数字化和自动化的网络技术在电网建设和用电业务领域中的开发和应用也日益深入。在数量庞大的居民用电业务中建设和应用电力自动抄表系统,有利于提高工作效率;有利于杜绝人工抄表所带来的漏抄、误抄、估抄问题;有利于减少跑冒滴漏,堵漏增收;有利于提供方便快捷的居民供电服务。自动抄表系统的结构主要由电能表、采集器、数据传输通道和主站系统构成,分为硬件和软件系统。

1.自动抄表系统的硬件设备及功能

(1)低压电力线的基本传输特性及通信技术:简单地说,影响电力载波传输质量主要有两个因素:一个是电力网络的阻抗特性及其衰减;另一个是噪声的干扰。第一个因素制约着信号的传输距离,第二个因素决定着数据传输的质量。低压电力网的噪声干扰主要由配电变压器和用户装置产生。噪声基本来源为通用交、直流两用电机,带有可控硅的调光装置,电视接收机等,这些设备产生的背景噪声包括随机噪声、平滑频谱噪声以及工频谐波噪声等。以上可以看出,载波传输系统所处的环境是很恶劣的,所以应采取某些措施消除噪声,特别是脉冲噪声对数据传输的影响。

到目前为止,国内厂家生产的载波采集模块大部分是基于FSK调制技术的,部分厂家使用的是扩频技术。相对于采用扩频技术的模块而言,基于FSK调制的采集模块的优点是成本较低,实现比较容易,但其缺点也比较明显,即抗噪声干扰和抗谐波能力相对较差。对于采用扩频技术的采集模块,由于采用具有宽带传输特征的扩频通信技术,使得系统在抗干扰能力方面有了较大幅度的改进,使得抄表系统的可靠性得到了一定程度的提高。

实践证明,为适应不同电网结构、不同居民区以及不同时间剧烈变化的负荷的实际要求,不论是FSK调制,还是扩频调制的电力线载波系统,都必须针对具体情况,通过接力或加大功率(在允许的范围内)等措施延长传播距离和提高传输可靠性,以实现全天候可靠的电表数据抄收。

(2)载波电能表的系统功能:载波电能表的抄表系统指每块表内均安装一块载波采集模块,每个采集模块完成电量的数据采集计算,并通过低压电力线与设在变压器副边侧的集中/转发器进行通信。电能表内置数据采集器,可通过编程抄表器进行红外编程设置和抄表;可抄录并保存不同时刻的冻结电量。系统具备自动统计中继路径功能,可对各中继路径进行筛选、记忆、优化,快速实现网络重构。动态中继有效地扩展了通信距离,大大地提高抄表成功率。

(3)信道的系统功能:主信道(上行)一般采用GPRS或公用电话网,集中器与载波电能表之间(下行)采用低压电力线载波。该载波电能表是由电能表加载波模块组成,其主要优点是充分利用电力线资源,无需重新布线,技术先进,是抄表技术的发展方向。

(4)载波集中器的系统功能:系统的核心单元集中器采用支持 DSP 运算的高速 64 位 CPU,并可实现用户定制程序的远程升级及远程参数优化。

集中器除记录电能量数据外,还具备配变低压侧三相电压曲线记录、电压合格率统计及断相记录等功能,也可用来对配变的运行状况进行远程监测。集中器具备级联功能,可通过 RS-485 信道将安装小区内的相邻多个集中器级联起来,再利用同一个上行信道(如一根电话线或 GPRS),实现多个集中器数据的远程抄读,节省投资;可通过远程信道接受用电管理计算机的参数设置和抄表;可抄录已存入集中器的数据,也可点名实时召唤用户数据;可对配变下的所有用电数据进行抄表与管理;最大容量:1024 户;可按编程设定的时间或时间间隔或抄表日循环抄收各电能表的数据。集中器通过下行 RS-485 总线与配变多功能电能表(配变总表)连接,可借用系统信道实现配变各种运行数据的远程抄读与监测。如:电量、需量、电流、电压、频率、功率因数等。

集中器的技术指标有:①内置工业及一体化 Modem 或 GPRS 模块,通信速率理论为 2400 b/s 或 384 kb/s。②带有自动实时路由功能模块,可实现多级中继。③电源:50 Hz,220 V±20V。④功率:≤5 W(静态),≤10 W(发射)。⑤温度:-40 ~ 85 ℃。⑥支持红外 PDA 手持抄表器。⑦提供 RS232、RS485 接口。⑧可通过串口升级或短信下发数据升级程序。⑨使用低功耗高性能的 CPU 做处理器,64 位内部数据总线,128KBSRAM,512KBSRAM,可高速处理协议和大量数据。

2.自动抄表系统的软件设备及功能

自动抄表系统的软件即主站系统,可接受 GPRS 卫星时钟对时,确保主站系统及集中器时钟准确;通过定时广播校时,确保表计尤其是多费率表计的时钟准确,并可对时钟超差的表计做上标记进行及时报警,解决了普通多费率电能表时钟及时段费率参数发生错误而无法及时发现的不足。而对于普通多费率表,电力用户最为担心的恰恰就是电池失效、晶振超差等导致的时钟及峰谷时段参数不准确等问题。系统集电子技术、数字通信技术及计算机网络技术于一体,全面适应中国电网环境、性能卓越、符合全球技术发展趋势。系统采用最新的基于数据压缩宽频通信理论的电力线载波通信技术,数据压缩传输使传输效率大大提高,更容易避开干扰的影响;系统采用宽频传输,即并不在某单一频点上传输信息,不存在同频干扰的问题。系统具备电力线载波接收增益自动调节控制功能,提高了信噪比和接收灵敏度。由于采用了独特的高压保护电路,本系统可以经受 6000 V 雷击脉冲和 4000 V 脉冲群的攻击。系统具备自动判相功能,能自动记录各表计终端所在的相位并用于实现三相用电平衡分析。系统具备自动统计中继路径功能,可对各中继路径进行记忆、筛选、优化,快速实现网络重构。动态中有效地扩展了通信距离,大大地提高抄表成功率,系统投用时间越长,网络拓扑信息越丰富,故具有"越用越好用"的特点。系统抄表成功率可达 100%。系统还具备实时中继技术,如果台变中有一块表远离台变($d > 2$ km),系统可以用独到的实时同步中继技术来传送数据,使整个系统实现完全自动化管理[①]。

二、电力客户交费支持系统

电力客户交费支持系统就是利用各专业金融机构,通过电话银行或网上银行实现电力客户交纳电费的系统。随着计算机技术、网络技术的发展,将电费这种内容单一、流程简单的工作交给专业的金融系统处理已经成为可能。电力客户交费支持系统主要有以下两种形式。

(一)银行代收电费

这是一种利用计算机和网络技术实现与银行联网的缴费系统,主要模式有以下几种。

1.银行代扣电费

银行方根据电力企业提出的交费要求,依据电力客户每月发生的电费,从电力客户的银行账面上划出相应的金额到电力公司的账面上。

2.银行代缴电费

银行方根据电力客户提出的交费要求,按客户拟订的金额,从客户的银行账面上划出相应的金额到电力公司的客户电费账面上。

3.银行托收电费

由供电企业根据结算电费收据按单位填写托收电费凭证,汇总后交送银行,银行在收到电费划拨凭证之后,与付款单位账单核对相符后,即将电费额由付款单位划拨出并转记到供电公司指定的账号上。

---

① 胡晓刚. 电力市场营销策略研究 [J]. 中国战略新兴产业,2019 (22):115.

(二)客户自助交费

客户自助交费就是客户基于银行或收费单位的网络系统，无须面对交费人员，通过电话、计算机等网络通信终端设备完成交费。自助交费的基本方式有以下几种。

1.电话交费

客户通过拨打银行的客服电话，通过电话银行交费。

2.网上交费

客户访问银行的网站、通过交费网页交费。

3.自助查询终端交费

在银行营业大厅、自助银行营业厅的自助查询终端上通过触摸屏交费。

4.POS机交费

在与银行联网的各种营业网点或安装有银行交费POS机的场所，客户刷卡完成交费。

第四节　电力负荷管理系统

一、电力负荷管理系统的组成

电力负荷管理系统是由一个电力负荷管理中心、若干远方终端和通信信道组成的系统。电力负荷管理中心是整个系统运行和管理的指挥中心，负责整个系统的管理和控制。远方终端主要负责数据采集、通信、对重要数据予以显示、对重要情况进行报警、进行终端控制以及保电等。通信技术目前有无线通信方式和有线通信方式两种。

二、电力负荷管理系统的功能

根据电力负荷管理工作的特点和系统的总体目标要求,电力负荷管理系统具有以下功能。

1.数据采集及控制功能

数据采集是指通过终端设备采集用户的用电数据,然后将这些数据送到中心站,并以此为基础进行数据分析和完成终端控制。

2.远方抄表功能

远方抄表功能是通过一定的接口将与终端相连的电表数据召测到主站。远方抄表功能用系统代替了原先繁重的人工抄表,使抄表的数据种类、数据量以及抄表次数等都较人工抄表得到了改善。

3.远程购电功能

远程购电是电力负荷管理系统的一个重要功能。供电公司在实现远程购电时,必须与客户签订订购电合同,并且在供电公司内部建立合理的、便于操作的购电流程,建立流程档案等。实现购电的方式主要有电量制购电和电费制购电两种。

4.计量异常监测功能

利用负荷管理系统丰富的数据资源,对客户的用电情况进行监测,对用电异常情况及时地给予报警,起到监测用电异常的作用。监测手段主要通过终端交流采样模块采集保护回路的电压、电流、电量等数据,对数据进行分析,并与计量回路电表的脉冲数据进行比较,判断计量是否异常。

5.集抄功能

集抄分为变电站集抄和居民集抄两种。居民集抄是通过系统的终端设备将集中器内的各种表的数据传送到中心站，再送到相关部门。变电站集抄是通过系统的终端设备将变电站内的各种表的数据传送到中心站，再送到相关部门。

6.线路计量异常监测功能

线损是分析线路异常的重要指标。通过用电监测，可以帮助分析和查找线损的主要原因，为降低线损、提高供电质量提供大量的数据依据。

7.电压质量监测功能

电压质量监测功能是通过对电压监测点的电压数据采集以及对这些数据分析，提供一系列电压监测数据[①]。

三、电力负荷管理系统的应用

随着市场经济的迅速发展，电力市场的需求不断扩大，传统的简单的电力负荷系统已经不能满足供电公司的需要。电力负荷管理系统由于电力营销和管理的需要而被越来越广泛地应用。

我国从20世纪80年代中期开始广泛推广和使用电力负荷管理系统。电力负荷管理系统的应用，使对用电户的控制和管理变得简单可行，实现了对大用户的远程控制。从长远来看，根据本地的用电情况，建立起负荷自己特点的电力负荷管理系统，使电力管理深入用户势在必行。

（一）电力负荷管理系统概述

1.电力负荷管理系统的诞生背景

一般来说，电力负荷管理系统诞生的主要原因是电力供需

---

①高贵光.负荷管理系统在电力营销管理中的应用探索[J].环球市场，2019（17）：168.

矛盾的不断加剧。电力负荷控制系统早在很久以前就在国外兴起,主要用来通过合理的峰谷电价差异,调动用户参与电力系统调峰,它是利用自动控制技术,对用户的部分用电设备进行远程控制,使用户用电尽可能地避开用电高峰期,在低谷时用电。这样既有效实现了用电平衡,为电力部门减少发电压力,又可以降低用户的用电成本。

推广电力负荷控制系统,是提高电力使用效率的必要方法,也是现代化电力管理的必要手段。通过推广电力负荷管理系统,可以真正实现"限电不拉闸""限电到户",电力资源的利用率将大大提高。

2.电力负荷控制装置的发展概况

电力负荷控制装置大致可以分为以下几种。

(1)长波电台负控系统:这个系统是把各地电力负荷控制信息集中到中央电力局的负控中心,然后将处理后的信号发射到BBC电台,再由BBC电台向各地发布指令,但是这个系统只适合国土面积比较小的国家,目前在我国这样幅员辽阔的国家还不适用,因此我国没有采用这种装置。

(2)音频负控系统:该技术已有几十年的应用历史,它主要利用音频传输控制信号,具有较强的可靠性。然而技术复杂,需要较高的技术和投资,在中国难以广泛应用和推广。

(3)电力线载波负控系统:利用用户的电力线载波作为传输工具对负控信号进行传输。但是电力线容易受到外界干扰,这就导致了传输信号的可靠性受到影响,且传输率较低。

3.电力负荷管理系统在我国的发展现状

到目前为止,我国的电力负荷管理系统正呈现出逐年增加的趋势,其中无线电负控系统占据了绝大比重。无线电负控系统是利用无线电作为传输通道进行信号和指令传输的管理系统。无线电负控系统的特点:属于集中控制系统、系统容量大、调整配置灵活、扩充容易。

(二)电力负荷管理系统的应用

1.负控管理

负荷控制是电力负荷管理系统的一个重要功能,在许多方面发挥着巨大作用。在用户效益方面,负控系统可以将用户的用电信息、停电情况等提前告知用户,以便用户提前做好准备,便于生产安排。在发电效益方面,负控系统能够有效解决调峰,改变谷峰发电和用电的矛盾,减少发电压力。在供电效益方面,可以降低购电费用,通过系统对市场的分析和预测,为电力的经济运行提供参考和支持。在社会效益方面,可以在全社会范围内稳定用电秩序,减少甚至避免电荒发生,为社会提供准确快捷的用电信息。

2.远程自动抄表

远程自动抄表作为电力负荷管理系统功能的一个延伸,已经广泛应用于电力工作中,它可以有效避免以往传统人为抄表时容易出现的错抄、漏抄等现象,提高抄表的准确性和真实性。特别是用电大户,人为抄表很难做到面面俱到。而远程自动抄表就可以做到每天定时抄表,并且将数据实时反映到数据库,为用电结算创造条件。

3.查处窃电

由于许多不确定因素的存在,传统的方法对于窃电这一行为已经不能进行有效查处。而电力负荷管理系统全程都实施监控,使窃电者无处遁形。

4.负荷电量分析、预测

电力负荷预测的准确性对电力管理来说是十分重要的,基础资料、预测手段等都会对其准确性造成一定的影响,在这些因素中,影响最大的就是基础资料的准确性。负荷管理系统所收集的基础资料都是最原始的准确资料,有利于电力负荷预测的准确性。

5.计量监测

电力负荷管理系统能够实现对计量装置的实时监测,对于计量装置出现的误差或者一场现象能够及时发现,并且通过分析电量波动判断计量运行是否正常。

(三)电力负荷管理系统的发展

1.系统组网方式的更新

电力负荷管理系统早期的数据传输是通过无线电实现的。而现在,随着固定电话网和移动网络的不断发展与壮大,网络覆盖的面积也越来越广,这样一来,就实现了无线与有线技术的有机结合,使原有的系统组网变得更加充实,许多漏洞和缺陷得以弥补,为电力系统的进一步完善和发展提供了可靠的技术支持。

2.系统功能的提升

电力负荷管理系统在其发展过程中,系统功能得到了很大的提升,特别是在应用领域的扩展上。

(1)实现远程抄表:利用电力负荷管理系统的远程抄表功能实现对用电户的远程监控,抄表的准确率得到了很大程度的提高,使得以往抄表工作最大、易出错等问题得到了有效的解决。

（2）监测公用配电变压器负荷：公用变压器如果超负荷运行，会造成变压器烧毁等严重后果。电力负荷管理系统能够对公用配电变压器进行实时监测，避免超负荷运行。

（3）实时监测电压：可以随时监测和报告电压状况，及时发现和处理异常情况，对于电能质量的提升和用电安全的保障都起着重要作用。

（4）计量台区电量：电力负荷管理系统可用来对供电台区不同时段的总供电量进行统计和监测，加强台区的线损管理。

综上所述，电力负荷管理系统作为新兴的电力管理系统有利于我国安全有序用电秩序的形成，其发展和应用在电力营销现代化中起到了越来越重要的作用。

第三章 电力市场营销管理中 电力需求的侧管理

第一节 电力需求侧管理的概述

需求侧管理(demand side management,DSM)是当前国际上推行的一种先进的管理和资源规划方法,可应用在电力、煤气、热力、供水等公用事业部门。目前,世界上将需求侧管理广泛应用在电力部门,故称电力需求侧管理。在电力规划中,把节能也视为一种资源,即把电力需求侧管理减少的电能消耗和降低的电力需求,视为与电力供应侧资源同等重要的电力资源,更新了单纯注重以增加电力、电量供应来满足需求增长的传统思维模式。搞好需求侧管理对电力营销工作有着十分重大的意义。

一、DSM的定义

电力需求侧管理是指通过采取有效的激励措施,引导电力客户改变用电方式,提高终端用电效率,优化资源配置,改善和保护环境,实现电力服务成本最小所进行的用电管理活动,是促进电力工业与国民经济、社会协调发展的一项系统工程。

DSM的目标主要集中在电力和电量的改变上,一方面采取措施降低电网的峰荷时段的电力需求或增加电网的低谷时段的电力需求，以较少的新增装机容量达到系统的电力供需平衡；另一方面采取措施节省或增加电力系统的发电量，在满足同样能源服务的同时节约了社会总资源的耗费。从经济学的角度看，DSM的目标就是将有限的电力资源最有效地加以利用，使社会效益最大化。

二、DSM的意义

电力需求侧管理对于促进电力行业的可持续发展具有较强的现实意义和长远意义，推广实施电力需求侧管理的意义主要体现在以下方面。

1.可以实现电力资源以及社会资源的优化配置，保证电力行业的长远持续发展

电力需求侧管理是综合资源规划的重要组成部分，通过对客户的用电方式进行合理引导，减少或推迟了发电机组的投资，实现了整个电力系统资源以及社会资源的优化配置，从而保证了电力行业的可持续发展。

1991～2000年，我国通过开展电力需求侧管理，实现累计节电1300亿kWh，节煤6000万t，减排二氧化硫130万t，为国民经济以及电力工业可持续发展做出积极贡献。有预测表明，如果实施有效的电力需求侧管理，到2020年，我国可减少电力装机1亿kW左右，超过5个三峡工程的装机容量，同时还可以节约8000亿～10 000亿元的电力投资。不仅能大大化解资源、环境和投资压力，而且将带来巨大的节电效益、经济效益、环境效益和社会效益。

2. 可以引导客户侧科学、合理用电，提高全社会的用电水平

某些需求侧管理的手段，例如峰谷电价、可中断负荷电价等，提供了一种使客户对供电方式进行选择的机制，即客户可以选择在用电高峰期继续用电（辅以较高的电价），也可选择在高峰期中断用电，以获得电费支出的降低。因此，这种机制可以引导客户根据自己的生产特点和要求选择用电方式，以更加科学、合理地用电。同时，需求侧管理带来电网高峰负荷的降低、负荷曲线的平稳，提高了全社会的用电水平。

我国幅员广阔，气候等自然条件以及产业结构不同，导致各地电网负荷特性差异很大。因此，加强对我国各地区、各产业的负荷特性的研究以及气候、气温、电价、产业调整等因素对负荷影响的研究，摸出规律，充分利用各地区的峰谷差、时间差，发挥电力系统联网特性，削峰填谷，电力需求侧管理工作的效益可以更充分地显现出来。

3. 利用需求侧管理的方法解决缺电问题，顺应了电力工业市场化改革的要求，体现了电力体制的进步

过去在解决电力工业发展中的问题时，通常侧重于采用行政手段。例如，在电力供应不足时，对客户进行指令性的拉闸限电，而客户因缺电所造成的损失基本由自己承担。现在实施需求侧管理，考虑到客户的用电特点、电价对其用电的影响程度以及对客户缺电损失的适当补偿，体现了由行政手段向经济手段的转变，是顺应电力工业市场化改革的要求并促进其发展的重要举措。

面对电力持续紧张的困局，作为缓解电力供应紧张矛盾的

有效手段,电力需求侧管理得到了全社会的极大重视。各地区、各部门和电力企业必须认真贯彻国务院关于做好电力供应工作的部署和要求,结合自身情况,切实采取有效措施,转移高峰负荷,减少电力需求,有效缓解了电力供需矛盾,最大限度地保证了居民生活、农业生产和重点单位的用电需要,促进了经济持续健康发展[①]。

三、DSM 的运作机制

(一)垄断专营体制下 DSM 的运作

在垂直垄断一体化的电力体制下,政府监管下的电力公司实施 DSM 是国家法规约束的强制性活动,实行电力公司出资的 DSM 计划,是电力行业重组前 DSM 的主要运作模式。

电力公司作为 DSM 实施主体在客观上存在着开拓能效市场与开拓电力市场之间的利益冲突,电力公司缺乏实施 DSM 的积极性,没有与之配套的激励机制来激发电力公司实施 DSM 的内在动力,甚至产生不少抵触情绪。为克服电力公司实施 DSM 的障碍,1989 年,在美国总统指示下,由联邦政府制定的《美国国家能源战略》中确定了"国家能源战略以节约能源和提高效率为前提""在发电与降低需求方面推动竞争""最好是给电能消费者与生产者适当的经济刺激,提高消费与生产效率",敦促州政府促使电力部门采用 IRP 方法进行电源开发的最小成本规划和大力提高终端用电效率,在法规、标准、借贷、税收、监督、政策与效率服务等方面做必要的修改和调整,并可得到联邦政府的支持。1989 ~ 1991 年,已经实施 DSM

---

①陈芳. 基于需求侧管理的电力市场营销策略研究——以内蒙古电力公司为例[D]. 济南:山东大学,2016.

的州政府陆续出台了推动电力公司实施DSM计划的若干激励政策,电力公司也对参与DSM计划的终端客户采取了多种激励措施,逐渐形成了比较完整的激励机制。对电力公司的激励政策主要集中在以下三个方面。

1.实施DSM计划的成本回收

在成本回收方面主要有两种措施:①将DSM计划支出作为费用,类似燃料成本进行年度费用调整计入电价。②将DSM计划的支出作为投资,如同发、输、配电的固定资产投资一样纳入电价基数计入电价。

2.实施DSM计划的收入损失补偿

将售电收入与售电量解耦分离,把售电收入调整到一个允许的目标上,每年的收入总额由次年收入目标来调整,这样就使电力公司失去了一味推动增加售电的动力,也消除了为提高能效而减少售电的阻力。

3.实施DSM计划的效果奖励

效果奖励主要有三种方式:一种是电力公司投入DSM计划的资金可获得若干个百分点的增值回报(如比电价基数回报率高1%～3%),本质上类似于折旧资产获得回收的方式;另一种是根据DSM计划节省的电量和容量超过基数部分DSM计划投资给予若干个百分点的回报(如1%～2%);再一种是给予DSM计划对应的净资源价值若干个百分点的回报(如10%～25%),净资源价值是一个差值,它等于可避免成本与DSM计划成本之差。第一种着重于DSM计划的投资规模;第二种是基于节约资源的物理量;第三种是以绩效为基础的节电效益分享机制,使效率和效益相结合,更符合DSM的总体目标,也是采用较多的一种。当然,若电力公司没有完成DSM计划,政府电力监管部门按规定予以经济惩罚。激励机制的确立,为电力公司实施DSM计划的操作和提高客户DSM的参与率开通了道路。

(二)电力市场体制下DSM的运作

电力行业重组后,随着经营体制的分立和引入竞争机制,使原来由电力公司出资的DSM计划的融资和成本回收发生了困难,于是,把电力公司出资的DSM计划转向以消费者出资的DSM计划成为必然选择,以便继续发挥DSM的节能环保作用。

SBC(system benefits charges)是指通过电力附加费的形式从电力客户征集公益计划基金,以支持能源可持续发展的公益事业,用于DSM能效计划、可再生能源发展计划、研究与开发计划、低收入居民资助计划等四个方面。SBC是政府以立法形式出台的强制性征集公益计划基金的制度,征集范围包括联入电网使用电力传输系统的所有客户,不管客户属于哪种类型,也不管客户从哪一家发电厂购电。同时,还包括那些有自发电能力的客户,因为这些客户也要从电网购电和占用系统容量。SBC以千瓦时计算,按客户购电量的多少征集电力附加费,征集幅度大多占电费的2%~3%。从消费者处征集的DSM能效基金有三种比较典型的运作模式。

1.中介机构主导的运作模式

中介机构主导的运作模式是一个由非政府、非营利的节能投资中介服务机构来直接管理SBC并负责项目管理,包括项目策划、资金分配、项目评估、项目验收、项目服务等。通常该服务机构与政府的公用事业委员会签订协议,接受政府的监督,对项目计划和资金计划等定期审计检查。电力公司把征集的SBC直接转到中介服务机构的账户上,并与能源服务公司、电力客户、产品生产销售商、承包商等一样,处于平等地位参与DSM项目的公开竞标。

2.政府主导的运作模式

政府主导的运作模式是由州政府设置的一个没有政府拨款的非营利的准政府机构来负责DSM项目管理,政府的电力监管部门负责审批DSM项目计划和SBC的支出。

3.电力公司(配电和售电)主导的运作模式

电力公司(配电和售电)主导的运作模式是电力公司作为DSM的实施主体,在政府的委托和监督下进行项目管理和运作。

应当指出:无论采用哪种DSM运作模式,都强调由消费者出资的DSM计划要立足于公众利益和环境保护,SBC能效基金要用到终端能效项目上,通过提高需求侧的用电效率,达到资源获取和污染减排的目的,以支持社会的可持续发展。电力公司利用SBC能效基金运作的DSM计划,也要在提高终端用电效率基础上拓展用电需求,达到开拓能效市场和电力市场的双重目的。

四、国内外实施DSM的经验

为了应对两次世界能源危机以及日益严重的环境压力,国外自20世纪70年代开始研究推广了DSM,采取法律和经济激励等手段实施节约用电和移峰填谷措施,在减少和减缓电力建设投资、改善电网运行的经济性和可靠性、控制电价上升幅度、减少电力客户电费开支、降低能源消耗、改善环境质量等方面取得了显著成效。目前,DSM已成为国际上先进的能源管理活动和发达国家可持续发展战略的重要手段,在法国、德国、韩国、美国、加拿大等30多个国家和地区得到了成功实施,并越来越受到关注。

(一)美国加州实施DSM应对电力危机

1.加州电力危机的产生背景

加利福尼亚州是美国人口最多、经济最发达、高科技产业最集中的州,其发电量约占美国总发电量的7%。20世纪90年代以来,经济的快速增长刺激了加州电力需求的增加,1988~1998年,加州高峰电力需求增长了13%。但由于环保的限制,加州的电源建设却未同步跟上,发电机组容量同比下降了5%;天气干旱也使加州的水电资源减少了35%。此外,由于加州实施的电力重组计划存在缺陷,导致趸售电价上涨了30%。加州电力公司面临趸售电价不断增长而零售电价却有上限控制的情况,造成200亿美元的债务,使之濒临破产。正是上述各因素导致了加州电力危机的发生。

2.加州通过DSM应对电力危机成效及主要措施

加州2001年电力供应形势异常严峻,加州能源委员会预测夏季高峰电力负荷短缺5000兆瓦。独立电力调度中心预计加州夏季将停电34天,经济损失160亿美元。北美电力可靠性委员会预计加州将面临700小时以上的轮流停电,每次平均影响200万人口。然而,由于加州发起了该州历史上最为成功的需求侧管理运动,通过一系列政策和激励措施,充分挖掘了加州需求侧的资源潜力,成功度过了电力危机的难关。

加州政府2001年共花费8.5亿美元用于提高能效和负荷

管理,共削减高峰负荷 5700 MW,其中节电 1100 MW,避免直接经济损失 160 亿美元。电力危机期间该州的节电成本约为 3 美分/kWh,远远低于 7 美分/kWh 的平均购电成本。加州通过 DSM 应对电力危机的主要措施包括以下几点。

(1)资助电力公司开展能效项目:加州电力客户的电费中约有 3% 用于提高能效,通过这个被称为"系统效益收费"的项目资助,激励了许多居民和工商业客户提高能效。1990～1998 年,由于节电使加州经济获得约 30 亿美元收益。2000 年后加州政府为确保能效项目得到系统效益收费的支持,对电力公司提供能效基金,规模约为每年 2.43 亿美元。

电力公司的 DSM 项目帮助了一大批节能新技术投入加州市场,电力公司负责监督和管理能效项目的实施,这些项目每年合同金额达到数亿美元。在电力危机期间,电力公司的 DSM 项目主要包括:①在住宅和商场用节能灯替换老旧灯具。②在商场和工厂改造暖通空调设备。③安装需求管理系统。④改造农业水泵。

(2)削减高峰时段电力需求:加州首先关注政府和农业部门,通过要求政府公务员关灯、调整空调温控器和调整水温的运行,2001 年加州政府部门平均减少了 23% 的电力需求,减少高峰负荷 285 MW。此外加州还充分利用政府延伸职能来教育客户提高节能意识,通过所有向商业和公众宣传节能的渠道(如营业执照、机动车登记、网站、信函、税务通知书等)以及学校、公园、博物馆等公共场所,还通过散发节能宣传手册等形式开展节能教育。2001～2002 年,加州仅通过州政府各部门传递的直接信息就超过 6000 万条,有数百万人通过各种渠道得到以上信息。

工商业用电量占加州总用电量的57%,加州政府高度依靠行业协会等组织争取企业对减少用电的支持,具体内容包括指定节能管理员,向员工散发节能宣传册,将空调温度设定在约26℃,立即减少25%的照明用电等。此外,政府与电力公司合作为企业提供培训和能源审计,帮助寻找节能的途径。

最后,政府还督促零售商向客户宣传节能信息。麦当劳在1100家餐馆400万托盘流水线上摆放了政府提供的节能信息;3000多家大型食品店共分发节能宣传册超过1350万份;家电商场采取促销措施培养客户的能效意识,并对购买高效家电产品的客户提供政府资助的折扣。通过努力,加州高效节能灯、家用电器和其他节能产品的销售在几年里增长了50%~400%,处于全国领先水平。

(3)政府开展20/20项目:为鼓励客户节约用电,加州通过电力公司给可在夏季高峰期减少用电20%以上的客户再加上20%的电费折扣,这被称为"20/20"项目。通过这项激励措施,并结合向客户宣传三种最有效的节能方法(即空调温度设定在约26℃、晚上7点前不用大的家用电器、人走灯灭),使20/20项目受到客户的热烈欢迎,并取得了成功。33%的居民客户达到了减少用电量20%的目标,另外,还有数百万家庭节电达到10%~20%。为确保低收入家庭全部参与计划,加州政府特别对5万多个低收入家庭住房进行保温隔热改造,并帮助另外5万个家庭提高能效。

(4)制定能效标准:加州对建筑和部分电器设备制定了新的节能标准,其中2001年6月实行的建筑能效标准是全美最严格的,预计每年可新增节约200 MW的电力。加州还提高了电冰箱、洗衣机等许多电器设备的最低能效标准,预计每年可新增节约100 MW的电力。

(5)电力公司恢复综合资源规划:加州立法机构在2002年采取的最重要举措就是恢复电力公司对综合资源规划的管理。加州立法机构还出台了一项长期的法规,指导电力公司"在提高能效和配电效率方面去探索、开拓所有可行的和具有成本效益的节电措施,使之提供同等的或更好的系统可靠性"。公共事业委员会也重申了电力公司的义务,即在获取资源方面要考虑所有具有成本效益的能效投资,当前电力公司的预算可全部用于能效投资。

(6)使DSM对电力公司有利可图:允许能效投资和发电投资在同等地位进行竞争的首要问题就是要保证电力公司能够获利,或至少在投资供应侧或需求侧资源时在投资收益方面没有区别。20世纪90年代中期加州电力工业重组时期,电力公司将收入与销售电量挂钩,从而使其即使面对最廉价的能效资源,由于减少销售电量和电费收益,电力公司同样缺乏兴趣。目前这种情况已经通过建立一种称作"售电量与效益分离"的新的收入机制而改变。

3.电力危机后加州DSM的发展和前景

加州政府并未将DSM仅仅作为应对电力危机的权宜之计,而是将其不断发展深化。2005年1月,公共事业委员会决定对加州能效项目采用新的管理结构,以确保电力公司在能效项目的投资始终比新建电厂便宜。这样,未来十年加州电力公司的节电水平将比现有水平提高一倍,同时给加州带来巨大的经济效益和环境效益。该项目的资金来源包括系统效益收费和新建电厂的资金。2004～2005年,加州电力公司向政府递交了18项总投资为2.44亿美元的DSM项目建议,此外近期加州又有2.45亿美元的资金投资于DSM项目。

2004年9月加州政府制定了全国最积极的十年节能规划目标,要求未来通过提高能效、削减负荷和可再生能源等项目,使加州的能源需求得到100%的满足。要实现这个目标,加州电力公司将在规划期内总计投资约60亿美元,实现减少负荷5000 MW,避免建造10座大型发电厂,年节电超过总用电量的1%,年减排二氧化碳900万 t,总计为加州电力客户带来约120亿美元的净收益。

(二)山东省的电力需求侧管理经验

1.出台奖励政策,推动DSM活动开展

参照国外系统能效收费的做法,2002年山东省发展和改革委员会会同物价、财政、地税、建委、环保六部门联合出台了《关于大力开展电力需求侧管理的意见》;2003年,又制定了《山东省电力需求侧管理专项资金管理办法》。在电价所含的城市附加费中,每度电集中上缴1厘钱,年约近亿元,作为省电力需求侧管理专项资金。主要用于支持电力需求侧管理技术改造、产品推广和科研开发等。这项奖励政策的实施,每年可带动大约6亿元的电力需求侧管理项目的投资。另外,山东省还规定对节电调荷技术改造项目参照有关规定享受国产设备投资抵免所得税政策。

2.建立和发展专业机构,提供有力的组织保障

2002年,山东省成立了山东省电力需求侧管理指导中心。

需求侧管理中心又注册成立了电力需求侧展销公司,开始培育扶持一批能源服务公司,逐步建立滚动发展的市场机制。2003年,省电力公司成立了电力需求侧管理处。电力需求侧管理机构和队伍的建设,为全面加强电力需求侧管理提供了有力的组织保障。

3. 充分利用经济、技术手段控制和转移高峰负荷

2003年、2004年山东省实施了《山东电网可中断负荷补偿办法》,对尖峰时段自愿中断负荷的企业,按照1万元/万kWh标准给予补偿。2004年削减高峰负荷23.7万kW。同时,加强电力负荷监控技术的推广应用。全省11个市全部建立电力负荷监控系统,累计安装终端负荷控制设备4151台,可实时监控负荷416万kW。

1987年,山东省开始试行峰谷电价。2004年,继续对各中心城市工业和商业企业实行峰谷电价,占全部用电量的50.2%,转移高峰负荷约110多万kW。在此基础上,对蓄冷蓄热客户实行优惠电价。在6~8月份用电高峰时段,对大工业和部分非普通工业客户实行尖峰电价。这两项政策共转移高峰负荷30多万kW。

4. 积极推广电力需求侧管理项目

(1)推广电力蓄能技术。1997年,开始推广电力蓄冷蓄热技术。全省共建成131套蓄冷蓄热项目,累计装机容量12.5万kW,转移高峰负荷8万~10万kW。

(2)开展节电技术改造,强化能效管理。2014年,46个电力需求侧管理试点示范项目已全部验收。项目总投资额4458万元,平均节电率35.06%,节电容量7574.7万kW,年可节约电

量5453.8万kWh,节约电费2726.9万元。客户1.13年就可收回投资。5个"双蓄"试点、示范项目,投资2114.7万元,总装机容量8826万kW,总移峰容量5616万kW,节省电力建设投资4212万元。

（3）积极引导企业加强内部能效管理,将利用峰谷电价政策和节约电能纳入对车间、班组和个人的考核内容并与工资奖金挂钩。

（4）大力推广绿色照明技术。

5.总体规划,分步实施"DSM十项绿色工程"

结合省情,谋划了山东省电力需求侧管理的总体框架和思路,即"DSM十项绿色工程",主要是"百万绿色照明"工程、"双蓄"工程、"绿色窗口"工程、"高效节电"工程、"绿色家电"工程、"绿色产业"工程、"电能系统服务"工程、"智能管理"工程等,并有重点地进入实施阶段。

尽管我国的电力需求侧管理工作取得了积极地进展和明显的成效,但由于过去20多年里经济的粗放型增长,我国现有工业体系从整体上看还处于发展中阶段,先进的工业装备和民用设施所占比重较小,终端用电效率明显低于国际先进水平。尤其值得注意的是,随着工业进程的进一步发展,加上生活水平提高带来的需求刺激,国内低效率、高电耗的生产能力和民用设施仍在迅速增长,我国终端用电效率与国际先进水平的差距有进一步扩大的趋势。无论是从现状还是发展的角度来看,我国都存在巨大的电量和电力节约潜力,需求侧管理大有可为。

第二节 电力需求侧管理的内容与手段

一、电力需求侧管理的内容

电力需求侧管理涉及面较广,主要内容可概括为以下几个方面。

(一)提高能效

通过多种措施鼓励用户使用高效用电设备替代低效用电设备及改变不良用电习惯,在获得同样用电效果的情况下减少电力需求和电量消耗,以节约电能和经济消耗。

(二)负荷管理

现阶段我国电力供需矛盾中电力负荷控制系统的"控制"功能相对减弱。电力负荷管理系统需大力加强负荷的管理功能,协助电网调峰、负荷预测,为用户需求侧管理服务。电力负荷管理系统能够实现远方读表、电费结算自动化、预购电制、催交电费、实施计量监督和管理,电能计费管理,为广大用户提供电力检修、电力预测信息,监控地方小火电,为配电网自动化和扩大电力市场服务。通过技术和经济措施激励用户调整其负荷曲线形状,有效地降低电力峰荷需求或增加电力低谷需求,提高了电力系统的供电负荷率,从而提高了供电企业的生产效益和供电可靠性。

(三)能源替代及余能回收

对于终端用户来说,各种终端能源的经济性是进行能源选择时的首要考虑因素。在成本效益分析的基础上如果用户的设备采取其他的能源形式比使用电能效益更好,则更换或新购使用其他能源形式的设备,这样减少使用的电力和电能也可看成需求侧管理的重要内容。用户通过余能回收来发电就可以减少从电力系统取用的电力和电量。

(四)分布式电源

分布式电源是指建在用户端的能源供应方式,常见的形式有太阳能发电站、风力发电站、微型燃气轮机发电和燃料电池发电等。相对于集中供电来说,分布式发电管理更加复杂。但分布式电源的用户也可能成为电力供应方,这使电力的调度更加困难且电能质量不能保证,给电能的管理带来很大的负担。因此分布式电源的发电和并网应该具有计划性。用户出于可靠、经济和因地制宜考虑,将用户自备电源直接或间接纳入电力系统的统一调度,也可达到减少系统的电力和电量的目的。

(五)新用电服务项目

电力公司按照用户需求定制用电解决方案。以全新的工作理念和服务模式在用电领域为用户提供用电环境调查、用电方案策划、代理用电报装、施工监理、配电设备维护托管、用电项目代管、承接用电项目施工等专业服务。为提高能源利用效率而开展的电力宣传、电力咨询活动等。

根据不同地区的特点,需求侧管理的工作重点可以不同。在新建电厂造价昂贵、峰期供电紧张、负荷峰谷差较大的地区,通常把节约电力置于首要地位;在发电燃料比较昂贵、环境约束比较苛刻的地区,更重视节约电量[①]。

二、电力需求侧管理的手段

实施电力需求侧管理必须采用多种手段,这些手段以先进的技术设备为基础,采用市场经济运作方式,遵循有关法律法规,目的在于提高综合效益。电力需求侧管理主要涉及技术手段、经济手段、法律手段和宣传手段。

(一)DSM 的技术手段

电力需求侧管理的技术手段是指针对具体的管理对象以及生产工艺和生活习惯的用电特点,采用先进的管理技术、节电技术及相应设备,改变用电负荷特性,提高用电效率。它主要包括改变用户的用电方式和提高终端用电效率两个方面。

1.改变用户的用电方式

电力系统的负荷每时每刻都在发生变化,通常用负荷曲线来表示,包括年负荷曲线和日负荷曲线,有的还有周、月和季负荷曲线。年负荷特性一般有两种:一种是负荷高峰出现在冬季;另一种是负荷高峰出现在夏季。日负荷曲线也有两种:①负荷高峰出现在夜晚;②负荷高峰出现在白天。

电力系统的负荷特性与一系列因素有关,主要取决于电网所在地区的经济结构和用户的生产特点,当地的气候条件、生活水平和风俗习惯以及电网规模等。

改变用户的用电方式是通过负荷管理技术来实现的,它是根据电力系统的负荷特性,以削峰、填谷或移峰填谷的方式将用户的电力需求从电网负荷的高峰期削减,转移或增加到电网负荷的低谷期,以达到改变电力需求在时序上的分布,减少

[①]刘秋华,陈洁. 电力需求侧管理[M]. 北京:中国电力出版社,2015.

日或季节性的电网峰荷,起到节约电力的目的。

(1)削峰。削峰是指在电网高峰负荷期减少用户的电力需求,避免增设其边际成本高于平均成本的装机容量。由于削峰平稳了系统负荷,提高了电力系统运行的经济性和可靠性,可以降低发电成本。但削峰会减少一定的峰期售电量,相应会降低电力企业的部分售电收入。常用的削峰手段主要有以下两种:①直接负荷控制:直接负荷控制是在电网高峰时段,系统调度人员通过远动或自控装置随时控制用户终端用电的一种方法。由于它是随机控制,通常冲击生产秩序和生活节奏,大大降低了用户峰期用电的可靠性,多数用户不易接受,尤其是那些对可靠性要求高的用户和设备,停止供电有时会酿成重大事故,并带来很大的经济损失,即使采用降低直接负荷控制的供电电价也不太受用户欢迎,因而这种控制方式的使用受到了一定的限制。直接负荷控制一般多使用于城乡居民的用电控制。②可中断负荷控制:可中断负荷控制是根据供需双方事先的合同约定,在电网高峰时段,系统调度人员向用户发出请求中断供电的信号,经用户响应后,中断部分供电的一种方法。它特别适合于对可靠性要求不高的用户。不难看出可中断负荷是一种有一定准备的停电控制,由于电价偏低,有些用户愿意用降低用电的可靠性来减少电费开支。它的削峰能力和系统效益取决于用户负荷的可中断程度。可中断负荷控制一般适用于工业、商业、服务业等对可靠性要求较低的用户。

(2)填谷。填谷是指在电网的负荷低谷区增加用户的电力需求。填谷有利于启动系统空闲的发电容量,并使电网负荷趋于平稳,提高了系统运行的经济性。由于增加了销售电量,将减少单位电量的固定成本,从而进一步降低了平均发电成本,使电力企业增加了销售利润。常用的填谷技术有以下几种:①增加季节性用户负荷:在电网年负荷低谷时期,增加季节性用户负荷,在丰水期鼓励用户以电力替代其他能源,多用水电。②增加低谷用电设备:在夏季出现尖峰的电网可适当增加冬季用电设备,在冬季出现尖峰的电网可适当增加夏季的用电设备。在日负荷低谷时段,投入电气锅炉或采用蓄热装置电气保温,在冬季后半夜可投入电暖气或电气采暖空调等进行填谷。③增加蓄能用电:在电网日负荷低谷时段投入蓄能装置进行填谷,如电动汽车蓄电瓶和各种可随机安排的充电装置。填谷不但对电力企业有益,对用户也会减少电费开支。但是由于填谷要部分地改变用户的工作程序和作业习惯,也增加了填谷技术的实施难度。填谷的重要对象是工业、服务业和农业等部门。

(3)移峰填谷。移峰填谷是指将电网高峰负荷的用电需求推移到低谷负荷时段,同时起到削峰和填谷的双重作用。它既可以减少新增装机容量,充分利用闲置的容量,又可平稳系统负荷,降低发电煤耗。

移峰填谷一方面增加了谷期用电量,从而增加了电力企业的销售电量;另一方面却减少了峰期用电量,相应减少了电力企业的销售电量和售电收入。因此,电力系统的实际效益取决于增加的谷期用电收入和降低的运行费用对减少峰期用电收入的抵偿程度。

常用的移峰填谷技术有以下几种:①采用蓄冷蓄热技术:

集中式空调采用蓄冷技术是移峰填谷的有效手段,它是在后半夜负荷低谷时段制冷并把冰或水等蓄冷介质储存起来,在白天或前半夜电网负荷高峰时段把冷量释放出来转为冷气空调,达到移峰填谷的目的。蓄冷空调比传统的空调蒸发温度低,制冷效率相对低些,再加上蓄冷损失,在提供相同冷量的条件下要多消耗电量,但却有利于填谷。同样采用蓄热技术是在后半夜负荷低谷时段,把锅炉或电加热器生产的热能存储在蒸汽或热水蓄热器中,在白天或前半夜电网负荷高峰时段将热能用于生产或生活,以此实现移峰填谷。当然,电力用户是否愿意采用蓄冷或蓄热技术,主要考虑高峰电费减少的支出是否能补偿低谷多消耗电能的电费支出。②能源替代运行:对在夏季出现尖峰的电网,为了将夏季的尖峰推移到冬季,可以采用在冬季以用电加热替代用燃料加热,在夏季以用燃料加热替代用电加热;对在冬季出现尖峰的电网,为了将冬季的尖峰推移到夏季,可以采用在夏季以用电加热替代用燃料加热,在冬季以用燃料加热替代用电加热。在日负荷的高峰和低谷时段也可采用上述能源替代运行方式。③调整作业顺序:调整作业顺序是一些国家长期采用的一种移峰填谷的方法。在工业企业中将一班制改为二班制或三班制。调整作业顺序虽然起到了移峰填谷的作用,但是在很大程度上干扰了用户的正常生产秩序和职工的正常生活秩序,还增加了企业的额外负担。随着市场经济的发展,不顾及用户的接受能力,强行推行多班制的做法将逐渐消失。④调整轮休制度:调整轮休制度也是一些国家长期采用的一种移峰填谷的做法。主要通过实行轮休制度来实现移峰填谷。但是由于它改变了人们规范的休息时间,影响了人们的正常交际往来,对企业也没有增加额外效益,一般不被用户接受。

2.提高终端用电效率

提高终端用电效率是通过改变用户的消费行为,采用先进的节能技术和高效的设备来实现的,根本目的是节约用电、减少用户的电量消耗。提高终端用电效率的措施多种多样,概括起来有选用高效用电设备、实行节电运行、采用能源替代、实行余热和余能的回收、采用高效节电材料、进行作业合理调度以及改变消费行为等几个方面。

(二)DSM的经济手段

电力需求侧管理的经济手段是通过一定的经济措施激励和鼓励用户主动改变消费行为和用电方式,减少电量消耗和电力需求。包括电价制度、免费安装服务、折让鼓励、借贷优惠、设备租赁鼓励等方式。

1.电价制度

电价制度是影响面广又便于操作的一种有效的经济手段。电价制度确定的原则是既能激发电力企业实施需求侧管理的积极性,又能激励用户主动参与需求侧管理活动。电价制度主要考虑电价水平和电价结构两个方面。

(1)电价水平:电价水平要合理,既不能过低,也不能过高。电价水平过低会抑制用户节电的积极性和电力企业兴办电业的努力,而电价水平过高会抑制用户必要的电力需求。

(2)电价结构:在电价结构方面,主要是制定一个面向用户可供选择的多种鼓励性电价。电价结构要考虑用户需求容量的大小和电网负荷从高峰到低谷各个时点供电成本的差异对电力企业和用户双方成本的影响,使用户在用电可靠性、用电时序性和用电经济性之间做出选择,如采用容量电价、峰谷电价、分时电价、季节性电价、可中断负荷电价等。

容量电价:容量电价又称基本电价,它不是电量价格,而是电力价格。容量电价是指以用户变压器装置容量或最大负荷需量收取电费。容量电价可以促使用户削峰填谷和节约用电。

峰谷电价:峰谷电价是电力企业根据电网的负荷特性,确定年内或日内高峰和低谷时段,在高峰时段和低谷时段实行峰谷两种不同电价。峰谷电价可以使用户选择合适的用电时间和用电电价。

分时电价:分时电价是指电力企业按用电时点的电价收取电费。分时电价是日内峰谷电价的进一步细化,可以激励用户更仔细安排用电时间。

季节性电价:季节性电价是指电力企业按照不同季节收取电费。季节性电价是改善电力系统季节性负荷不均衡性所采取的一种鼓励性电价,有利于充分利用水力资源和选择价格相对便宜的发电燃料,降低电网的供电成本,特别在水力资源丰富的地区实行季节性电价会吸引更多的耗电大用户。

可中断负荷电价:可中断负荷电价是在电网高峰时段可中断或削减较大工商业用户的负荷,电力企业按合同规定对用户在该时段内的用电按较低的电价收费。

2.免费安装服务

免费安装服务是指电力企业为用户全部或部分免费安装节电设备以鼓励用户节电。由于用户不必支付费用或只需支付很少的费用,减轻了用户节电的投资风险和资金筹措的困难,很受用户的欢迎。免费安装服务适用于收入较低的家庭住宅和对需求侧管理反映不强的用户,同时节电设备的初始投资低,并且节电效果好。

3.折让鼓励

折让鼓励是指给予购置特定高效节电产品的用户或推销商适当比例的折让。一方面,吸引更多的用户参与需求侧管理活动;另一方面,有利于发挥推销商参与节电活动的特殊作用,同时促使制造商推出更好的新型节电产品。

4.借贷优惠

借贷优惠是指向购置高效节电设备的用户,尤其是初始投资较高的用户提供低息或零息贷款,以减少用户参与需求侧管理时在资金方面存在的障碍。电力企业在选择贷款对象时,应尽量选择那些节电所带来的收益高于提供贷款而减少的利息收入的用户。

5.设备租赁鼓励

设备租赁鼓励是指把节电设备租赁给用户,以节电效益逐步偿还租金的办法来鼓励用户节电。这种鼓励手段的特点在于有利于用户消除举债的心理压力,克服缺乏支付初始投资的障碍。

(三)DSM的法律手段

电力需求侧管理的法律手段是指通过政府颁布的有关法规、条例等来规范电力消费和电力市场行为。

以美国为例,美国联邦政府和一些州政府为鼓励电力企业实施需求侧管理,规定凡是电力企业投资节电,与供电一样予以同等利润计入电费,作为一个附加的激励措施,允许获得略高于供电的投资回报。这种规定对于鼓励电力企业实施电力需求侧管理有很好的促进作用。美国在实施需求侧管理的几十年间,通过出台行政法规、标准和政策,取得了巨大的经济效益和社会效益。

我国20世纪90年代初才引入DSM,经过20多年的摸索和实践,取得了一定的成效,特别是近几年来在电力短缺的严峻形势下,需求侧管理为缓解用电紧张的矛盾,保障电力安全稳定运行发挥了重要的作用。由此,电力DSM管理引起各部门的高度重视,并制定下发了一系列法规,开始将需求侧管理纳入法制化轨道。我国先后颁布过《中华人民共和国节约能源法》《节约用电管理办法》《加强实施DSM工作的指导意见》《能源中长期发展规划纲要》等有关DSM的法律、法规,但是与DSM配套的法律、法规还不完善,有待于今后不断建立和完善。

(四)DSM的宣传手段

电力需求侧管理的宣传手段是指采用宣传的方式,引导用户合理消费电能,达到有助于节能的目的。宣传手段主要包括普及节能知识讲座、传播节能信息、开展节能咨询服务、开办节能技术讲座、举办节能产品展示、宣传节能政策等。

(五)DSM的引导手段

引导是对用户进行消费引导的一种有效的、不可缺少的市场手段。相同的经济激励和同样的收益,用户可能出现不同的反应,关键在于引导。通过引导使用户愿意接受DSM的措施,知道如何用最少的资金获得最大的节能效果,更重要的是在使用电能的全过程中自觉挖掘节能的潜力。

主要的引导手段有节能知识宣传、信息发布、免费能源审计、技术推广示范、政府示范等。主要的方式有两种：一种是利用各种媒介把信息传递给用户，如电视、广播、报刊、展览、广告、画册、读物、信箱等；另一种是与用户直接接触提供各种能源服务，如培训、研讨、诊断、审计等。经验证明：引导手段的时效长、成本低、活力强，关键是选准引导方向和建立起引导信誉。

（六）DSM 的行政手段

需求侧管理的行政手段是指政府及其有关职能部门，通过法律、标准、政策、制度等规范电力消费和市场行为，推动节能增效、避免浪费、保护环境的管理活动。

政府运用行政手段宏观调控，保障市场健康运转，具有权威性、指导性和强制性。如将综合资源规划和需求侧管理纳入国家能源战略，出台行政法规、制订经济政策，推行能效标准标识及合同能源管理、清洁发展机制，激励、扶持节能技术、建立有效的能效管理组织体系等均是有效的行政手段。调整企业作息时间和休息日是一种简单有效的调节用电高峰的办法，应在不牺牲人们生活舒适度的情况下谨慎、优化地使用这一手段。

第三节　电力需求侧管理与电力市场营销之间的关系

一、电力市场营销的内涵

目前,我们谈电力市场时较多谈论的是电力的需求与预测,谈发电的情况,燃煤的情况、电价及其改革、用电的营业情况。但是很少或者说就没有从市场营销的核心概念中去考虑电力市场,甚至有人认为电力没有营销。其实,我们应该正确地理解电力市场营销的概念,所谓的电力市场营销,是指电力企业在变化的市场环境中,以满足人们的电力需求消费为目的,通过电力企业一系列与市场有关的经营活动,通过创造并为他人或组织交换的电力产品和价值以满足其需求和欲望的一种管理过程和社会服务过程。电力产品这个词不仅包括电力本身,而且还包括服务。从某种程度上讲,其重要性并不在于拥有它们,而是得到它们所提供的附加服务、动力服务、能源服务。事实上,服务也可以通过其他载体来提供,这些载体包括物化的和观念的。比如说,电力营销人员、方便的营销地点(营业区)、适当的活动(如服务上门)、组织系统和节约用电、安全用电的观念。因此,我们用电力产品一词来涵盖那些可满足需要和欲望的电力、服务和其他载体。

我们经常提到的电力市场营销管理就是进行规划和实施管理理念,进行电力产品及其服务的设计、运行、促销、分销等为满足顾客需要和组织目标而创造交换机会的过程。电力市场经营的主要商品是电能,电能不能储存,电能生产的特点是发电、输电、配电同时进行。电力市场营销活动主要解决电能生产和电能需求之间的矛盾,满足人们生活和国民经济各部门对电能的需求。电力市场营销作为电力企业的一项经营活动,对提高企业经济效益、提高职工收入等都有重要的作用。一般,我们可以从两个方面加以说明。

(一)电力市场营销活动可以拓展电力市场,提高电力市场的占有率

电力市场营销是指电力企业通过各种有效的手段和渠道,提高客户对电力产品优点的认知,以便在向电力客户提供优质产品和服务,满足电力客户需求的同时获取自身利益的满足,并保证电力市场份额的扩大。可以说,电力市场营销活动的最重要作用是开拓电力市场。电力市场开拓一般有两层含义:①在原有客户数量的基础上,通过电力促销手段,提高电力客户的用电水平,增加电量销售。②通过扩大客户的数量,增加市场的需求量。电力企业可以通过各种营销活动不断拓展电力市场,继而不断提高电力市场占有率。

(二)电力市场营销有利于树立电力企业良好的公众形象

良好的企业形象意味着电力企业在客户中知名度的提高,更重要的是可以吸引更多的客户成为自己的客户,不仅增加了企业的销售量,同时也提高了电力企业在市场上的竞争力。

二、电力需求侧管理是电力市场营销的一项重要策略

电力需求侧管理是当今国际上流行的一种先进的电力能源管理技术。它是在政府法规和政策的支持下,采取有效的激励和诱导措施,通过电力公司、能源服务公司、电力用户等的共同努力,提高终端用电效率和改善用电方式,在完成同样用电功能的同时减少电量消耗和电力需求,达到节约资源和保护环境的目的,实现最佳社会效益所进行的用电管理活动。

开展电力需求侧管理,从根本上改变传统上依靠增加能源供应满足需求增长的思维模式,建立了把需求方节约的能源作为供应方的一种可替代资源的新概念。通过指导客户使用电能的方式,促进电力市场的发展,达到电力企业拓展电力市场、增加电力供应的目的。目前,我国推行电力需求侧管理的重点是加大削峰填谷和移峰填谷的措施,推广新技术、新工艺、新产品,提高电网负荷率。

在电力市场由卖方市场走向买方市场、由数量型向质量型发展的必然趋势下,供电企业面临着如何把优质高效的电力和服务送到客户面前的新课题。同时,由于供电企业存在基础性、公益性的特殊性,提供优质的服务已日益成为电力作为一种商品的价值体现,只有优质服务才能赢得客户,从而赢得市场,取得更大效益。此时,推行电力需求侧管理成为帮助客户降低用电成本,赢得客户信任的一种有效措施,继而供电公司因为用电客户在使用电力中受益而不断提高用电规模而扩大了市场销售量,最终完成了电能的使用价值,同时获得了利润。

供电企业电力市场营销活动的目的是拓展电力市场,而电力市场的拓展一般是围绕着开展优质服务而展开的。要拓展电力市场,除了要从自身做起外,还要设身处地为客户着想,以维护客户的利益为出发点,不能单纯地考虑如何扩大电量销售,以增加效益,还要大力推广电力需求侧管理技术,将先进的技术推荐给客户使用,并帮助他们实施,从而使客户降低用电成本,提高经济效益。随着效益的提高,客户的用电规模也会不断扩展,用电需求也会逐渐增加,相应地促进了电力销售的增长,形成了多方受益的良性循环状况。

总而言之,需求侧管理不管是作为一种管理思想,还是作为一种技术手段,都是创新营销管理的重要内容,是深化优质服务的重要举措,是电力市场营销的一项重要策略。各省的电力公司必须进一步强化需求侧管理在电力市场营销工作中的地位和作用,将需求侧管理工作纳入电力营销全过程进行管理,通过需求侧管理为客户提供个性化服务、降低客户用电成本;从而拓展优质服务内涵,提升服务水平,树立电力企业良好社会形象。因此,开展电力需求侧管理活动已成为供电企业拓展电力市场的一项新思路,推行电力需求侧管理是电力企业用来在目标市场上实现营销目标的一项重要的营销策略[①]。

三、应用电力需求侧管理技术拓展电力市场

供电企业要拓展电力市场,一方面要保证有足够的电力供应;另一方面要保证售电量的稳定增长。需求侧管理技术的应用是电力市场拓展的有效管理手段,需求侧管理技术的应用可使客户达到节约用电成本的目的,对供电企业来讲既能起到调荷节电、增供扩销的作用,也为供电企业树立了优质服务的良好社会形象。所以说,供电企业开展电力需求侧管理,

---

①施泉生,丁建勇. 电力需求侧管理[M]. 上海:上海财经大学出版社,2018.

是在保证电力供需平衡的基础上不断拓展电力市场、赢取市场份额的一项有效管理手段。

在开展需求侧管理技术应用的同时不断拓展电力市场是供电企业面临的新课题。开展需求侧管理技术的应用,对客户来讲必然要达到因节约用电从而降低成本、增加效益的目的。但对供电企业来讲,既要求这些措施的实施能给客户带来效益,又能带来新的用电增长,同时起到调整负荷的作用。

目前,实施需求侧管理技术应用的主要措施有:引导客户使用蓄冰(冷)空调、蓄热电锅炉、节能型电光源和变频调速电机等节电产品,进行能源替代和回收余能,改变客户消费行为,减少浪费,推行峰谷电价等。概括地讲,供电企业应从以下几方面开展需求侧管理技术应用。

(一)加强宣传力度,同时采取必要的引导措施

需求侧管理技术是最近几年才在我国推广的一种新技术,许多用电客户对这项技术并不熟悉,因此有必要加强宣传力度,比如通过传播媒体进行需求侧管理知识的介绍,通过举办需求侧管理应用技术的讲座,让客户了解需求侧管理技术以及电力是一种洁净、高效和安全的绿色能源。

对客户进行消费引导是一种有效的、不可缺少的市场手段。一般的客户普遍缺乏必要的节能知识,对市场上销售的用电设备的节能特性缺乏必要的了解,对投资节能设备的效果也持有怀疑的态度。因此,采取必要的引导措施,如普及节电知识、举办研讨交流会、向客户进行节电技术推广等,切实消除客户在认知、技术和经济上等方面存在的心理障碍,合理引导用电客户特别使新报装的客户使用节能产品。

（二）依靠政府部门采取必要的行政手段

依靠政府部门制定相应的法规、标准、政策、制度等来规范电力消费和市场行为，以政府的力量来推动节能、结束浪费、保护环境。同时通过政府的示范作用作为需求侧管理技术应用的最有力的诱导手段。通过推动政府部门及其办事机构使用节电产品，起到以点带面的引导作用，从而唤起广大民众的节能意识，形成全社会都参与节能技术应用的风气。

（三）与厂家合作，推广新型节能产品的使用

供电企业要有意识地与生产商合作，充分利用他们的力量和经验，厂家负责开发新型节能产品。本着互惠互利的原则，供电企业采取一定的用电价格优惠措施，鼓励用电客户使用这些节能产品。

（四）搞好市场调查，有针对性地为大型用电客户服务

供电企业的营销人员必须经常开展用电市场调查，通过走访客户，深入各行各业的设备运行现场，调查需求侧管理技术的应用和推广状况，同时要设计适当的调查问卷，跟踪了解企业的用电情况，以掌握企业第一手的资料，了解电力市场的发展动态和不同行业在不同季节的用电需求，为不同的企业制订合理的需求侧管理技术应用方案。

当需求侧管理技术得到成功有效的运用后，由于能耗的下降，企业的生产成本必将得到一定幅度的降低，生产利润相应增加了，企业的用电积极性也必将提高，从而促进电力资源的优化使用，终端用电效能也相应提高。企业的生产规模随着经济效益的提高而不断扩大，用电量自然会随之不断增加，供电企业也由于销售电量的增长而使效益得到不断的提高，由

此而达到双赢的目的。

（五）实施峰谷电价

按规定程序制定符合本地区实际的峰谷电价标准,用电价鼓励策略激励改变大型用电企业的用电方式,使他们在用电高峰期少用电,而在用电低谷期多用电,从而达到移峰填谷的目的,这是调节需求方管理效益在供电公司和用户间合理分配的一种管理手段。

总之,在新的电力供需形势下,电力市场拓展的新思路是要大力开展需求侧管理技术的应用,以优质的服务赢得用户,从而赢得市场。要实施基于提高终端用电效率、改变客户用电方式、提高电网运营效益、为用电客户提供最低成本的需求侧管理技术应用计划,需要电力供应方和需求方的共同努力。供电企业要多听取用电客户的建议,并以用户的实际利益为出发点,使他们在参与中真正体会到所受到的尊重和保护,从而吸引更多客户主动参与需求侧管理技术应用计划,只有这样才能取得更大的效益。

第四章　大数据时代电力市场营销的主要战略

在电力市场由卖方市场转变为买方市场的过程中,电力企业为求得企业的生存和发展,在加强管理、提高效率、降低成本的同时,必须使电力营销观念由生产导向转为以顾客需求为导向的市场营销新理念。在电力市场营销新理念的指导下,制定相应的电力市场营销战略与策略,以有效开拓电力市场、创造高效益、提升电力企业在市场经济中的竞争力,有着十分重要的意义。

第一节　市场营销的战略及其特征

市场营销战略是企业市场营销部门根据战略规划,在综合考虑外部市场机会及内部资源状况等因素的基础上,确定目标市场,选择相应的市场营销策略组合,并予以有效实施和控制的过程。市场营销总战略包括产品策略、价格策略、营销渠道策略、促销策略等。市场营销战略计划的制订是一个相互作用的过程,是一个创造和反复的过程。

一、市场营销战略

现代企业营销战略一般包括战略思想、战略目标、战略行动、战略重点、战略阶段等。营销战略思想是指导企业制定与实施战略的观念和思维方式,是指导企业进行战略决策的行动准则。它应符合社会主义制度与市场经济对企业经营思想的要求,树立系统优化观念、资源的有限性观念、改革观念和着眼于未来观念。企业战略目标是企业营销战略和经营策略的基础,是关系企业发展方向的问题。战略行动则以战略目标为准则,选择适当的战略重点、战略阶段和战略模式。而战略重点是指事关战略目标能否实现的重大而又薄弱的项目和部门,是决定战略目标实现的关键因素。由于战略具有长期的相对稳定性,战略目标的实现需要经过若干个阶段,而每一个阶段又有其特定的战略任务,通过完成各个阶段的战略任务才能最终实现其总目标。

市场营销战略作为一种重要战略,其主旨是提高企业营销资源的利用效率,使企业资源的利用效率最大化。由于营销在企业经营中的突出战略地位,使其连同产品战略组合在一起,被称为企业的基本经营战略,对于保证企业总体战略的实施起着关键作用,尤其是对处于竞争激烈之中的企业,制定营销战略更显得非常迫切和必要。市场营销战略包括两个主要内容:①选定目标市场;②制订市场营销组合策略,以满足目标市场的需要。根据购买对象的不同,将顾客划分为若干种类,以某一类或几类顾客为目标,集中力量满足其需要,这种做法叫作确定目标市场,这是市场营销首先应当确定的战略决策。目标市场确定以后,就应当针对这一目标市场,制定出各项市场经营策略,以争取这些顾客。

随着市场经济走向成熟,某些先进的营销战略逐渐被现代企业所采纳和吸收,收到很好的社会效益和经济效益,如CI战略、SWOT分析等。CI战略起源于西方,20世纪80年代引入中国,目前已有很多企业非常重视CI战略的实施。作为塑造企业形象的CI战略设计展现出与其他企业不同的特征与形象,以提高企业在市场上的竞争地位。在现代企业战略规划中,SWOT分析是一个众所周知的工具。SWOT分析即强弱危机综合分析法,是一种企业竞争态势分析方法,是市场营销的基础分析方法之一。来自于麦肯锡咨询公司的SWOT分析,包括分析企业的优势(strength)、劣势(weakness)、机会(opportunity)和威胁(threats)。因此,SWOT分析实际上是将对企业内外部条件各方面内容进行综合和概括,进而分析组织的优劣势、面临的机会和威胁的一种方法。通过SWOT分析,可以帮助企业把资源和行动聚集在自己的强项和有最多机会的地方,并让企业的战略变得更加明朗[1]。

二、市场营销战略的特征

企业在规划和制定市场营销战略时,需具有以下几个方面的特征:①市场营销的第一目的是创造顾客,获取和维持顾客。②要从长远的观点来考虑如何有效地战胜竞争对手使自己立于不败之地。③注重市场调研,收集并分析大量的信息,只有这样才能在环境和市场的变化有很大不确定性的情况下做出正确的决策。④积极推行革新,其程度与效果成正比。

---

[1] 胡晓刚. 电力市场营销策略研究[J]. 中国战略新兴产业,2019(22):115.

⑤在变化中进行决策,要求其决策者要有很强的能力,要有像企业家一样的洞察力、识别力和决断力。

三、市场营销战略与企业战略的关系

(一)市场营销战略与企业战略的传统关系

1.企业战略

企业战略是企业面对激烈变化、严峻挑战的环境,为求得长期生存和不断发展而进行的总体性的谋划。企业战略对企业利润的实现有着最重大的影响,抓企业经营就必须抓好企业战略。企业战略服从和服务于企业经营目的,企业战略在本质上是保障企业获得最大利润的途径和手段。在对企业战略层次的划分上,集团企业有公司战略、经营战略、职能战略、运作战略四层,子公司有经营战略、职能战略、运作战略三层。从内容上可分为发展战略、竞争战略、营销战略、财务战略、人力资源战略、组织战略、研发战略、生产战略、品牌战略等。

2.市场营销战略在企业战略不同层次中的作用

一个市场营销战略贯穿在企业的各级层次上:在最高层次上,市场营销战略关系到的是整个企业,即选择活动组合和品牌策略的双重方面,主要是从若干年的远景角度出发确定企业所希望的活动组合。在这个层次上,市场营销战略连同财务策略、产业策略以及人力资源策略对所谓的企业"综合策略"做出了根本的贡献。在较低的等级层次上,一个市场营销战略可以关系到同一企业的一个系列产品。

3.两者的传统关系

传统的观念认为,市场营销策略只是企业战略的一部分,大多数的营销战略都是根据企业的总体战略来制定的,也就

是说,先有了企业的整体战略才有市场营销战略。很多企业通常都是先由企业的最高领导层为企业描绘出企业的宏伟蓝图,然后再让各职能部门的管理者或事业部的管理者在此基础上制定各事业部或职能部门的战略计划。由于各层级的战略制定是自上而下的,就导致他们只能通过提案的形式向公司最高领导层提供有关产品、产品线和责任领域的信息以及战略信息,并且自己制定市场营销目标和市场营销战略时也要受战略计划所引导。但是我们看到,成功的企业在战略上各有各的绝活,而失败的企业却是相似的,它们都从根本上失去了自己的顾客基础或市场基础。

(二)市场营销战略与企业战略的现代关系

市场营销战略,即企业为适应环境和市场的变化,站在战略的高度,以长远的观点,从全局出发来研究市场营销问题,策划新的整体市场营销活动。它具备以下几个特点:①以创造客户为目的。②立足于市场调研。③是战胜竞争对手的策略组合。④注重监控,持续改进。⑤以结果为导向原则。一个市场营销的总体战略包括指定产品的产品策略、价格策略、分销策略等。但是市场营销战略不是将这些不同领域中各个独立制定的决策累加在一起。正相反,总体战略必须先于并指导具体的产品、价格、分销等策略的制定,这其实需要的是一个逆向的制定过程。

随着市场营销战略在企业实现目标的过程中起到的作用越来越大,市场营销战略已经逐步挣脱了企业总体战略对其的制约和主导,越来越偏向以目标市场和顾客为导向,同时遵循总体成本领先战略、差异化战略、专一化战略三大成功通用战略的原则,成为企业战略取胜的不二法宝。从战略制定方向上已经从以前的自上而下变成了自下而上,形成了新型的逆向关系。

企业战略有不同的层次和不同的职能,过去市场营销战略只是企业总体战略的一个分支、一项内容而已,是企业战略的组成部分,诚然,我们不能用市场营销战略替代企业战略的谋划,但是在随着市场营销战略的不断完善和取得成效,为企业的总体战略成功奠定了不可替代的基础。世界500强企业里面,IBM、海尔、宝洁、沃尔玛等无一不是在市场营销战略上取得巨大成功的。当然,这也就要求企业的其他职能战略也必须以市场营销战略为导向,与之配备,这样才能形成以市场营销战略为核心的企业总体战略。

在企业战略被越来越重视的今天,企业战略的意义不言而喻,从市场营销战略对企业战略的影响上看我们清醒地认识到,制定一个市场营销战略是一项至关重要的工作,研究市场营销战略与企业战略之间的关系,看似只论证了一个关系,但更多的是找到了制定企业战略的一个关键性突破口,为制定更加有效的企业战略,达到企业生产经营获取最大利润并能持续良性发展有着不可忽略的意义。

第二节 电力市场营销的SWOT分析法与CI战略

一、SWOT分析法

(一)SWOT分析模型

优劣势分析主要是着眼于企业自身的实力及其与竞争对手的比较,而机会和威胁分析将注意力放在外部环境的变化及对企业的可能影响上。在分析时,应把所有的内部因素(即优劣势)集中在一起,然后用外部的力量来对这些因素进行评估。

1.机会与威胁分析

随着经济、社会、科技等诸多方面的迅速发展,特别是世界经济全球化、一体化过程的加快,全球信息网络的建立和消费需求的多样化,企业所处的环境更为开放和动荡,这种变化几乎对所有企业都产生了深刻的影响。正因为如此,环境分析成为一种日益重要的企业职能。

环境发展趋势分为两大类:一类表示环境威胁;另一类表示环境机会。环境威胁指的是环境中一种不利的发展趋势所形成的挑战,如果不采取果断的战略行为,这种不利趋势将导致公司的竞争地位受到削弱。环境机会就是对公司行为富有吸引力的领域,在这一领域中,该公司将拥有竞争优势。对环境的分析也可以有不同的角度。比如,一种简明扼要的方法就是PEST分析,PEST分析是利用环境扫描分析总体环境中的政治(political)、经济(economic)、社会(social)与科技(technological)等四种因素的一种模型。这也是在进行市场研究时,外部分析的一部分,能给予公司一个针对总体环境中不同因素的概述。这个策略工具也能有效地了解市场的成长或衰退、企业所处的情况、潜力与营运方向;另外一种比较常见的方法就是波特的五力分析,五力分析为麦可·波特在1979年提出的架构,其用途是定义出一个市场吸引力高低程度。波特认为影响市场吸引力的五种力量是个体经济学面,而非一般认为的总体经济学面。五种力量由密切影响公司服务客户及获利的构面组成,任何力量的改变都可能吸引公司退出或进入市场。五种力量:来自消费者的议价能力、来自供应商的议价能力、来自潜在进入者的威胁、来自替代品的威胁、来自现有竞争者的威胁。

2.优势与劣势分析

识别环境中有吸引力的机会是一回事,拥有在机会中成功所必需的竞争能力是另一回事。每个企业都要定期检查自己的优势与劣势,这可通过"企业经营管理检核表"的方式进行。企业或企业外的咨询机构都可利用这一格式检查企业的营销、财务、制造和组织能力,每一要素都要按照特强、稍强、中等、稍弱或特弱划分等级。

当两个企业处在同一市场或者说它们都有能力向同一顾客群体提供产品和服务时,如果其中一个企业有更高的赢利率或赢利潜力,那么,我们就认为这个企业比另外一个企业更具有竞争优势。换句话说,竞争优势是指一个企业超越其竞争对手的能力,这种能力有助于实现企业的主要目标——赢利。但值得注意的是:竞争优势并不一定完全体现在较高的赢利率上,因为有时企业更希望增加市场份额,或者多奖励管理人员或雇员。

竞争优势可以指消费者眼中一个企业或它的产品有别于其竞争对手的任何优越的东西,它可以是产品线的宽度、产品的大小、质量、可靠性、适用性、风格和形象以及服务的及时、态度的热情等。虽然竞争优势实际上指的是一个企业比其竞争对手有较强的综合优势,但是明确企业究竟在哪一个方面具有优势更有意义,因为只有这样才可以扬长避短,或者以实击虚。

由于企业是一个整体,而且其竞争性优势来源十分广泛,所以,在做优劣势分析时必须从整个价值链的每个环节上,将企业与竞争对手做详细的对比,如产品是否新颖、制造工艺是否复杂、销售渠道是否畅通以及价格是否具有竞争性等。如果一个企业在某一方面或几个方面的优势正是该行业企业应具备的关键成功要素,那么,该企业的综合竞争优势也许就强一些。需要指出的是,衡量一个企业及其产品是否具有竞争优势,只能站在现有潜在用户角度上,而不是站在企业的角度上。

企业在维持竞争优势过程中,必须深刻认识自身的资源和能力,采取适当的措施。因为一个企业一旦在某一方面具有了竞争优势,势必会吸引竞争对手的注意。一般来说,企业经过一段时期的努力,建立起某种竞争优势;然后就处于维持这种竞争优势的态势,竞争对手开始逐渐做出反应;而后,如果竞争对手直接进攻企业的优势所在,或采取其他更为有力的策略,就会使这种优势受到削弱。而影响企业竞争优势的持续时间,主要是三个关键的因素:①建立这种优势要多长时间?②能够获得的优势有多大?③竞争对手做出有力反应需要多长时间?

如果企业分析清楚了这三个因素,就会明确自己在建立和维持竞争优势中的地位了。显然,公司不应去纠正它的所有劣势,也不是对其优势不加利用。主要的问题是公司应研究它究竟是应只局限在已拥有优势的机会中,还是去获取和发展一些优势以找到更好的机会。有时,企业发展慢并非因为其各部门缺乏优势,而是因为它们不能很好地协调配合。

(二)SWOT分析模型的方法

在适应性分析过程中,企业高层管理人员应在确定内外部各种变量的基础上,采用杠杆效应、抑制性、脆弱性和问题性四个基本概念进行这一模式的分析。

1.杠杆效应(优势+机会)

杠杆效应产生于内部优势与外部机会相互一致和适应时。在这种情形下,企业可以用自身内部优势撬起外部机会,使机会与优势充分结合发挥出来。然而,机会通常是稍纵即逝的,因此企业必须敏锐地捕捉机会,把握时机,以寻求更大的发展。

2.抑制性(机会+劣势)

抑制性意味着妨碍、阻止、影响与控制。当环境提供的机会与企业内部资源优势不相适合,或者不能相互重叠时,企业的优势再大也将得不到发挥。在这种情形下,企业就需要提供和追加某种资源,以促进内部资源劣势向优势方面转化,从而迎合或适应外部机会。

3.脆弱性(优势+威胁)

脆弱性意味着优势的程度或强度的降低、减少。当环境状况对公司优势构成威胁时,优势得不到充分发挥,出现优势不优的脆弱局面。在这种情形下,企业必须克服威胁,以发挥优势。

4.问题性(劣势+威胁)

当企业内部劣势与企业外部威胁相遇时,企业就面临着严峻挑战,如果处理不当,可能直接威胁到企业的生死存亡。

(三)SWOT分析步骤

SWOT分析步骤包括:①确认当前的战略是什么? ②确认企业外部环境的变化(波特五力或者PEST)。③根据企业资源组合情况,确认企业的关键能力和关键限制。④按照通用矩阵(通用矩阵法又称行业吸引力矩阵、九象限评价法,是美国通用电气公司设计的一种投资组合分析方法)或类似的方式打分评价。把识别出的所有优势分成两组,分的时候以两个原则为基础:它们是与行业中潜在的机会有关,还是与潜在的威胁有关。用同样的办法把所有的劣势分成两组:一组与机会有关;另一组与威胁有关。

(四)应用SWOT分析法的简单规则

应用SWOT分析法的简单规则包括:①SWOT分析的时候必须对公司的优势与劣势有客观的认识。②SWOT分析的时候必须区分公司的现状与前景。③进行SWOT分析的时候必须考虑全面。④进行SWOT分析的时候必须与竞争对手进行比较,比如优于或是劣于你的竞争对手。⑤保持SWOT分析法的简洁化,避免复杂化与过度分析。SWOT分析法应因人而异,一旦使用SWOT分析法决定了关键问题,也就确定是市场营销的目标。SWOT分析法可与PEST和五力分析法等工具一起使用且易于操作。

(五)SWOT模型的局限性

与很多其他的战略模型一样,SWOT模型已由麦肯锡提出很久了,带有时代的局限性。以前的企业可能比较关注成本、质量,现在的企业可能更强调组织流程。SWOT没有考虑到企业改变现状的主动性,企业是可以通过寻找新的资源来创造企业所需要的优势,从而达到过去无法达成的战略目标。

在运用SWOT分析法的过程中,或许会碰到一些问题,这就是它的适应性。因为有太多的场合可以运用SWOT分析法,所以它必须具有适应性,然而这也会导致反常现象的产生。基础SWOT分析法所产生的问题可以由更高级的POWER SWOT分析法得到解决[①]。

二、CI战略

20世纪90年代以来,中国社会主义市场经济发展迅速,市场竞争日趋激烈。在这一过程中,企业告别多年的计划经济,加快走向市场,开始成为市场竞争的主体。与此同时,理论界、企业界提出了企业参与市场竞争的许多思路,如产品竞争、技术竞争、质量竞争等战略。随着市场经济走向成熟,企业间的竞争已不仅是单一生产经营层面上的竞争,而是在理念与价值取向、目标与企业精神、决策与经营哲学、人才与职工教育等多方面的全方位整体性竞争。于是一种涵盖企业整体实力的企业形象竞争,登上角逐的舞台。CI策划作为塑造

①李成. 发电企业电力市场营销策略研究[J]. 经贸实践,2019(4):182.

企业形象的有效方法,在风靡美国、日本之后,适时传入我国。这顺应了企业竞争的需要,并且把我国的企业文化建设推向一个更加个性化的崭新阶段。

(一)现代企业形象的界定及主要内容

企业形象是企业的整体性外部表现,它是通过信息传递给社会公众留下的企业印象。企业形象不是自封的,而是通过社会公众不断接受企业信息所形成的概括性的认识和评价。由此我们可以给企业形象下一种定义:企业形象是企业全部内涵的外在表现,是社会公众依据企业不断传递的关于价值观、经营哲学、技术、产品、质量、信誉等信息,对企业总体得出的形象的概括的认识和评价。现代企业形象,是适应现代化大生产和市场经济要求的企业内涵的外在表现。例如现代企业制度、现代经营管理方式、现代企业环境、高素质的人员构成、文明的礼仪规范等,这些要素的形成及其信息传递,构成现代企业形象。良好的现代企业形象是企业的重要无形资产和宝贵精神财富。

CI战略由三部分组成:理念识别(mind identity, MI)、行为识别(behaviour identity, BI)和视觉识别(visual identity, VI)。其中,MI是对一个企业经营理念的定位,从而使企业在经营理念上区别于其他同类企业;BI是对一个企业行为活动的定位,从而使企业行为特征鲜明,主要表现为企业发展战略、经营目标、管理风格、营销策略、促销手段等;VI是企业为了便于社会交流,对一些要素的设计和定位,常分为基本设计要素与应用设计要素两部分,基本设计要素表现为企业标志、标准字、标准色等;应用设计要素是指基本设计要素的具体应用,表现为信纸、信封、名片等。通过CI战略,可以使企业从经营理念、发展战略、经营目标、企业标志等方面产生差别化,提高企业在市场上的竞争力。下面就将CI战略的主要内容作具体阐述。

1. 企业形象与内在素质

企业形象是企业素质的反映和表现。企业的内在素质是企业内部领导决策、组织结构、技术装备、产品质量、经营管理、人员构成等要素的综合发育和完善程度。一般来讲,企业内在素质是企业形象所依赖的根基,企业形象则是企业素质的再现。因此,我们在讨论企业形象的时候,一定要注意企业内在素质的提高,也就是通常说的练好内功。然而,企业素质只有通过塑造和信息媒体传播,才能成为社会公众眼中的企业形象。如果企业素质很好,但是不注意形象塑造和信息媒体的传播,社会公众对企业的了解就非常有限,在现代市场经济条件下,良好的企业形象可以有效地支撑企业先声夺人,争取市场竞争的主动权。因此,企业在注重提高素质的时候,一定不能忘记树立和传播自己的形象,树立企业形象的时候,也一定不能忘记提高企业素质这个根本。

2. 现代形象与传统形象

企业的现代形象是与一整套现代文明的企业形式与规范相联系的。从直观形式看,早期企业的形象主要表现为作坊式工场,笨重的手工劳动和简单机械,脏乱差的生产环境,与血缘和宗法相联系的生产关系,师傅带徒弟的技艺传授方式等。现代文明条件下的企业则是另一番景象:高大的厂房,高度自动化的设备与生产线,整洁的生产现场,高素质的劳动者,法律化的生产关系等。在我国,传统的企业制度是与长期以来的计划经济体制紧密相连的,它具有浓重的计划经济色彩,政企、政资、企社不分,实行自上而下的行政命令式管理规范,平均主义的"大锅饭""铁饭碗"。而且,企业只有"共同"形象,毫无个性而言。市场经济条件下的现代企业形象,更加突出企业的个性,突出一个企业与另一个企业的差别,使企业富有生命的活力。

3. 自在形象与自觉形象

任何企业都有自己的形象,或者说有企业就有企业形象。确立这个观点,对于企业形象的研究与塑造都是十分重要的。所谓自在形象,是指与企业同时诞生、同时发展的自然而然存在的形象,是一种无意识、非自觉的企业形象。正由于它是非自觉的,所以很大程度上不能成为完整的、良好的企业形象,更谈不上通过传播而成为社会公众眼中的良好形象。自觉形象则是企业根据自己的特点,有意识地进行塑造和传播扩散在社会公众中树立起来的形象。通过自觉的形象塑造和传播,企业克服缺点和不足,发挥优点和长处,既能够促进自身的发展,又能够树立起良好的形象。所以自觉的形象是企业对自在形象的认识、改造和升华,它使企业跳出自我封闭的空间,走向更广阔的市场,让社会公众了解、认识并评价自己,再依据社会公众信息不断调整和改善自己的形象,从而得到社会各方面的信任和支持。因此,我们可以说,企业自觉地进行形象塑造,是选择自己、设计自己、引导自己、发展自己的有效方式。

(二)CI策划的特点和作用

CI是英文企业形象识别的简称,最早发源于20世纪50年代美国的车辆文化,20世纪70年代引入日本,20世纪90年代传入中国。CI策划,就是运用CI方法对企业进行整体策划,帮助创造富有个性和感染力的全新的企业形象,CI策划作为完整的统一的企业形象塑造方法,它的导入通常使企业由显层标识到深层理念都发生积极的转变,这些转变是由CI本身所具有的特点决定的。

形象化——CI通过专门设计的识别系统,将企业生产、经营、管理的特征集中在企业象征图案等标识上,便于接受、识别和记忆,对于社会公众具有很强的感染力和冲击力。其标识和整个识别系统无论在什么地方出现,马上就会使人联想到该企业以及企业的产品和技术。个性化——CI策划的基本出发点是依据企业性质、特点进行个性化的塑造。这不仅体现在企业的产品、经营宗旨、企业风格上,而且表现在企业的商标、广告、色彩、招牌上。个性化的形象识别系统具有更强烈的表现力,使人过目不忘,在感官和心理上引起长久的忆记、联想和共鸣,从而达到更佳的形象效果。

系统性——CI包括三个部分:理念识别,它是企业精神成果的识别系统,包括企业精神、价值观念、企业目标、经营哲学、企业作风等;行为识别,它是企业行为规范的识别系统,包括行为准则、制度规范、工作标准、员工教育、服务态度、岗位敬业、工作环境、经济效益、研究开发、公共关系、文化活动等;视觉识别系统,它是企业形象的、富有感染力的识别系统,包括企业名称、企业品牌标志、标准字、标准色、企业象征图案、企业口号、服饰、吉祥物以及事务用品、办公用具、建筑外观、交通工具、包装、展示、广告等。这三部分把企业的生产、经营、管理有机地联系起来,形成完整的企业形象系统。它既是企业文化的形象化整体再现,也是企业全面参与并赢得市场竞争的战略性系统工程。

传播性——CI的目的在于让更多的人了解企业。它借助各种媒体如广播、电视、报纸、刊物等进行信息传播,使企业在消费者中引起反响,并得到社会公众的认同。

CI的上述特点,比较完整地体现了CI的意义与价值,可以说是目前企业形象塑造的最为理想的方法。CI策划作为塑造企业形象的系统工程,不论对提高企业整体素质,还是对外扩大企业影响都具有重要作用。

1. 有利于加强企业管理,练好企业内功,提高企业的整体素质

有人把CI的理念识别比做企业的"心",把行为识别比做企业的"手"。这就是说,理念识别犹如企业的"心脏",它来源于并反映着企业精神、价值观念、经营哲学等精神文化现象,是企业识别系统的原动力,指导着企业内部方针政策、行为规范、企业管理、人员素质等。行为识别系统则犹如企业的"手",是执行系统,它具体实施理念识别系统的内容,将企业精神、价值观念、经营哲学等,变成全体职工的一致行为,进而有效地加强企业管理,提高企业整体素质。

2. 有利于社会公众的认同,提高企业的市场竞争力

一个企业应有良好的产品和技术。CI策划把产品以独特的设计和鲜明的视觉形象展现在公众面前,使社会公众对企业产品产生好感和认同,从而有效地提高企业产品在广大消费者心目中的地位,增强企业产品的市场竞争力。

3.有利于扩大社会资金来源,增强股东的投资信心

随着企业股份制改造的推进,企业与社会公众的联系更加紧密,尤其是一些上市公司,力图通过公开发行股票扩大融资渠道。成功的CI策划,可以增强投资者的安全感和信任感,使企业顺利地进行融资活动。

4.有利于企业的多元化、集团化、国际化经营

目前,我国的许多企业在向多元化、集团化、国际化经营迈进,这就必然同企业之外的社会各行业、部门、企业组织发生关系,寻求资源共享、企业共生、相互助长的途径。CI策划可以有效地宣传和推销企业,使其他企业、行业、部门了解和认识自己,在了解和扩散联合的基础上,形成全新的经营发展格局。

5.有利于构建富有个性的企业文化

企业文化是企业发展的重要推动力,对企业的现在和未来都具有重大影响。CI策划作为企业文化建设的重要组成部分,它的作用突出地反映在塑造具有独特个性的企业形象上,因此它不但可以丰富企业文化的内容,给企业文化建设带来新的生机,而且可以促使企业文化建设发展到更新、更高的层次。

(三)CI策划的基本步骤

CI策划是企业形象塑造的重要组成部分,也是企业形象的再创造。从CI策划角度要求,企业形象应是企业在观众眼中的一幅画,必须通过策划、实施、传播,将企业身份向员工、消费者、社会公众传递而产生视觉和心理的效果。基于这种要求,CI策划应有如下几个步骤。

1. 界定企业身份

企业身份是企业历史的战略的积累,由所有权、技术性质、目标、观念、战略、员工、领导者人格等组成。

2. 进行企业形象定位

这是对企业形象的创意,也就是将企业身份用富有个性的、准确的、鲜明生动的语言表达出来,并以此作为塑造企业形象的依据。

3. 建立企业识别系统

根据企业实际,导入CI策划,从表层视觉形象直到深层经营理念都进行系统规划,建立从经营宗旨、发展战略、组织体系、市场策略、公共关系、广告行销到人员素质全方位的综合治理的系统工程。其中,企业理念识别是识别系统的灵魂和原动力,是塑造完美企业形象的关键;行为识别是理念识别的执行系统;视觉识别是反映理念识别和行为识别的标识系统,这三者构成完整的CI系统。

4. 开展企业传播活动

企业传播是将企业身份转变为企业形象的过程,它是通过传播载体将企业身份及识别标志,向传播对象进行信息传递来实现的。传播载体包括企业自办的快讯、动态、刊物、员工及各种类型的活动、会议等;企业外部电视台、广播电台、报纸、期刊、大型社会活动、公共场所广告等。传播对象主要有员工、股东、各地分公司、国外合资公司、消费者、购销商、政府、社区、银行等。

5. 做好企业形象的反馈与评价工作

企业的传播对象是多种多样的,所有的传播对象都将从企业传播出来的各种信息中形成对企业的看法。企业要能够比较准确地掌握公众看法，就要建立企业形象反馈系统，通过反馈系统将各种不同的信息汇集起来，加以归类分析，做出结论。然后将结论与企业实际情况进行对比，查明企业形象是有助于还是有阻于公司目标的实现。如果企业的实际状况比企业形象要好，那就意味着存在传播的问题；如果企业的实际状况和企业形象相吻合，那就意味着企业的发展战略和企业形象策划是成功的。不论哪种情况都要写出评价报告，提出利于企业发展的意见和建议，通过企业形象再塑造，将企业推向一个新的发展阶段。

(四)CI策划的误区及矫正

CI策划在20世纪90年代初传入我国，即刻产生巨大的轰动效应。由于CI策划在一些企业的成功，越来越多的企业纷纷聘请专家，对企业形象进行重新设计，掀起CI热潮。然而在推广应用中也存在一些误区，以致不同程度地影响了CI的应用。CI策划的误区主要表现在以下几点。

1.策划上的误区

许多企业在进行CI策划时，盲目模仿其他企业一般性的表面形式，对企业内在的富有个性的东西重视不够，结果出现企业精神、经营理念基本雷同，企业标识及颜色相近的情况，达不到理想的效果。

2.认识上的误区

片面了解企业显层标识的作用，忽视企业深层理念的意义。因此，在导入CI时，单纯追求CI的视觉设计和广告效应，出现"CI"的广告化倾向。

3.设计上的误区

刻意追求大而全。有些企业花费数万到十几万请人对企业形象进行设计,做出一整套CI方案,但却束之高阁,因为企业再也无力拿出更多的钱去实施。

4.操作上的误区

偏重对外宣传,忽视对职工的影响,以致对外宣传轰轰烈烈,对职工整体素质的提高缺乏有效的措施,阻碍了CI策划的持续深入和全面实施。

上述误区的存在,影响了CI策划在广大企业中的推广应用。虽然CI策划本身应当包容企业活动的全部内容,但就企业而言,则应当根据自身实际,围绕企业的宗旨和目标以及企业的实际能力,有选择地进行CI策划,推动企业的发展。所以,对CI策划的推广应用有必要加以改进和提高。①对CI策划本身进行策划。为使CI策划达到预期效果,在进行CI策划前,一定要对CI策划本身进行总体策划。确定CI策划所要达到的目的、预期效果,以避免CI策划中的盲目性,使CI策划走上科学的轨道。②CI策划要注重突出企业个性。CI策划中一定要对企业的生产、经营、管理等各方面,进行全面的调查、研究和论证,找出最能反映企业基本特点的东西,突出企业个性,这样的CI策划才有生命力,也才能达到理想的效果。③培养和提高CI策划队伍。CI策划是个新事物,CI策划人员也正在学习中提高,各方面的知识准备相对不足,例如搞设计的不懂创意,搞创意的不了解企业等。因此,CI策划人员和组织应注重自身素质的提高,加强学习锻炼,不断提高CI策划水平。

CI策划作为企业形象塑造的新方法,正在向更广阔的领域扩展。但对 CI 的理解和认识还需要深化,CI 策划的方法以及对企业的作用也有待于在实践中总结完善。随着我国市场经济的发展,CI 策划必将得到进一步的提高和更广泛的应用。

第三节　电力市场营销的STP战略

一、电力市场细分与目标电力市场

从理论上讲,战略营销就是 STP(segmentation,target,position):市场细分、目标市场和市场定位——通过市场细分,找到目标市场,在市场定位的指引下,进行营销操作。

(一)电力市场细分的概念

市场细分(market segmentation)的概念是美国市场学家温德尔·史密斯于20世纪50年代中期提出来的。市场细分是指营销者通过市场调研,依据消费者的需要和欲望、购买行为和购买习惯等方面的差异,把某一产品的市场整体划分为若干消费者群的市场分类过程。每一个消费者群就是一个细分市场,每一个细分市场都是具有类似需求倾向的消费者构成的群体。

电力市场细分是指发电企业或配电企业按照电力用户或电力消费者的一定特性,把原有的发电市场或电力销售市场分解为两个或两个以上的电力分市场或电力子市场,用于确定目标电力市场的过程。市场细分的作用体现在:市场细分是制定市场营销战略的关键环节;市场细分有利于发现市场营销机会;市场细分能有效地与竞争对手相抗衡;市场细分能有效地拓展新市场,扩大市场占有率;市场细分有利于企业扬长避短,发挥优势。

(二)电力市场细分的依据

电力市场细分的标准很多,依据不同的细分标准,电力市场可进行不同的细分:①按用电的行业性质不同及当前我国电价结构细分,电力市场可细分成居民生活用电市场、非居民照明用电市场、商业用电市场、非普工业用电市场、大工业客户市场、农业生产客户市场、贫困县农业排灌客户市场等。②按用电的时段细分,电力市场可细分为峰段电力销售市场、平段电力销售市场、谷段电力销售市场。③按电力销售渠道的不同细分,电力市场可细分为省电力公司直供直销市场、趸售电与转供电中间商市场。④按用电需求量的大小与电力在其生产经营中作用的大小细分,电力市场可分为大用户(高耗能用户)市场、小用户(低耗能用户)市场与中等用户市场。⑤按市场的地域范围不同细分,电力市场可细分为国内市场、国际市场;省内市场、省外市场;城镇市场与乡村市场等。

由于电力商品的特殊性,电价严格按国家目录电价执行,因此在电力营销过程中常根据电价结构细分电力市场。居民生活用电市场是指家庭生活照明和家用电器用电的城乡居民所构成的市场;非居民照明用电市场是指一些非生产场所的照明和空调用电量,信号、装饰和广告用电,道路照明用电以及用电容量不足 3kW 医疗器具用电等客户构成的市场;商业用电市场是指从事商品交换或提供商业性、金融性等有偿服务的照明用电客户所构成的市场,包括销售业、物资供销、仓储业、文化娱乐场所以及宾馆、饮食服务业等；非普工业客户市场是指用电容量在3kW及以上至315kW以下，属于科研实验性或非工业用电的客户所构成的市场，包括非工业性电力拖动、电加热、电解和电化学等动力用电，交通运输、通信广播、基建施工以及营业性文化设施用电等，或低压受电的工业性生产用电，包括工业生产用电、事业性单位附属工厂生产用电、交通通信等修配厂用电、城镇自来水厂用电等；大工业客户市场是指受电变压器容量在315kW及以上的工业生产用电，包括工业生产用电、事业单位附属工厂生产用电、交通通信等修配厂用电、自来水厂用电等；农业生产客户市场是指农村养殖业和种植业用电，包括农田排涝和排灌用电，田间作业、打井、脱粒、育苗用电，非营业性农民口粮加工和饲料加工用电，渔业、畜牧业用电等；贫困县农业排灌客户市场是指享受国家对贫困县的农田排涝和排灌用电给予优惠政策的客户。

（三）有效电力市场细分的条件

细分电力市场的方法有很多，但不是所有的细分方法都有效。企业进行市场细分的目的是通过对顾客需求差异予以定位，来取得较大的经济效益。众所周知，产品的差异化必然导致生产成本和推销费用的相应增长，所以企业必须在市场细分所得收益与市场细分所增成本之间做一权衡。由此，可得出有效的细分市场必须具备的五个特征：可测量性、可盈利性、可进入性、可区分性和可行动性。

1.可测量性

指用来细分市场的标准和变数及细分后的市场是可以识

别和衡量的,即有明显的区别、有合理的范围。如果某些细分变数或购买者的需求和特点很难衡量,细分市场后无法界定,难以描述,那么市场细分就失去了意义。一般来说,一些带有客观性的变数,如年龄、性别、收入、地理位置、民族等,都易于确定,并且有关的信息和统计数据也比较容易获得;而一些带有主观性的变数,如心理和性格方面的变数,就比较难以确定。就电力市场而言,可衡量性是指细分的电力市场规模、购买潜力和大致轮廓可以测量。如把电力销售市场细分为第一产业用电市场、第二产业用电市场、第三产业用电市场和城乡居民生活用电市场,这些子市场的用电量是可以通过计量装置测量的,是有效的。但如果把电力销售市场细分为儿童用电市场和成人用电市场则是不科学的,因为无法计量这种细分市场的用电量。

2.可进入性

指企业能够进入所选定的市场部分,能进行有效的促销和分销,实际上就是考虑营销活动的可行性。①企业能够通过一定的广告媒体把产品的信息传递到该市场众多的消费者中去;②产品能通过一定的销售渠道抵达该市场。对于电力企业来讲,可进入性具有特殊的意义。因为电力市场受地理因素的影响有效的电力市场细分的一个重要表现是能使电力企业今后进入该电力细分市场。

3.可盈利性(规模性)

指细分市场的规模要大到能够使企业足够获利的程度,使企业值得为它设计一套营销规划方案,以便顺利地实现其营销目标,并且有可拓展的潜力,以保证按计划能获得理想的经济效益和社会服务效益。对电力企业而言,若电力市场规模足够大,有足够的利润来吸引电力企业为之服务。所细分的市场应是现实中最大的同质市场,值得电力企业为其制定专门的营销计划。

4.可区分性(差异性)

指所细分的电力子市场在观念上能被区别并对不同的营销组合因素和方案有不同的反应。

5.可行动性

指电力企业能系统地制定有效的营销计划来吸引细分电力市场,并为之服务。另外,细分后的电力子市场要有相对应的时间稳定。细分后的市场能否在一定时间内保持相对稳定,直接关系到企业生产营销的稳定性。

(四)电力市场细分的步骤

依据美国市场专家麦克阿瑟对市场细分步骤的理解,电力市场细分一般由以下七个相互联系的步骤组成。其中,电力销售市场直接面向电力用户,发电市场主要面向终端电力大用户和中间输电市场。市场细分作为一个比较、分类、选择的过程,没有这么复杂,可以简化程序。

1.正确选择适当的电力市场范围

企业根据自身的经营条件和经营能力确定进入市场的范围,如进入什么行业、生产什么产品、提供什么服务。电力企业在确定经营目标后,就必须紧接着确定市场的经营范围,这是电力市场细分的基础。确定电力市场范围应以用户的需要为基础,而不是以商品本身特性为基础。为此,电力企业必须开展深入细致的调查研究,分析电力市场需求的动向,做出相应电力决策。同时选择电力市场范围时,电力企业应考虑到自己所具有的资源和能力。

2.列出电力市场范围内所有潜在用户的电力需求情况

根据细分标准,在选择适当的电力市场范围后,应比较全面地列出潜在用户的基本电力需求,作为以后确定电力市场细分的依据。电力企业应对市场上刚开始出现或将要出现的电力需求,尽可能全面而详细地罗列归类,以便针对电力需求的差异性,决定实行何种电力细分市场的可能组合,为电力市场细分提供可靠依据。

3.分析潜在用户的不同需求,初步划分电力市场,构成可能存在的电力细分市场

电力企业将所列出的不同用户的电力需求,通过分析研究,找出各类电力用户的典型及其需求的具体内容,并找出电力用户需求类型的地区分布、人口特征、购买行为等方面的情况,做出估计和判断,构成可能存在的电力细分市场。

4.筛选

在上述粗略的电力市场细分的基础上,根据有效电力市场细分的条件,对所有细分市场进行分析研究,寻找主要的细分因素,剔除不合要求、无用的细分市场,以便对电力市场进行详细的细分。

5.为细分市场定名

为便于操作,电力企业可结合各电力细分市场上消费者或用户的特点,用形象化、直观化、富有创造力的方法为可能存在的电力细分市场确定名称,并能从名称上联想该电力细分市场的特征。

6.复核

电力企业应进一步对细分后选择的电力子市场进行调查研究,充分认识各细分市场的特点,深入了解这些细分市场的电力用户的购买动机与购买行为,以便对各个电力细分市场进行必要的调整,使之形成有效的目标市场。

7.决定电力细分市场规模,选定目标电力市场

电力企业应把各电力子市场同电力用户的特点联系起来,选择出与电力企业经营优势和特色相一致的电力细分市场,估计各电力细分市场的规模,寻找电力市场主攻方向,确定目标电力市场。没有这一步,就没有达到细分市场的目的。

经过以上七个步骤,电力企业便完成了对电力市场细分的工作,就可以根据自身的实际情况确定目标市场并采取相应的目标市场策略。但是细分电力市场是一件复杂的工作,无论其过程如何都不能忘记电力市场细分的结果应该达到内部需求的一致性与相互需求的差异性,它是电力企业选择目标电力市场的先决条件[1]。

二、目标电力市场的选择

(一)目标电力市场的含义

电力企业进行市场细分的目的就是寻求目标电力市场,实行目标电力市场的策略。因为通过电力市场细分,可以发现潜在电力需求或未满足的电力需求,从而为电力企业扩大电力市场提供条件。目标电力市场选择是否正确,是关系到电力企业目标和任务能否完成、电力企业市场营销战略能否实现的关键。

---

[1]周晖.电力市场分析与预测[M].北京:北京交通大学出版社,2011.

(二)一般目标市场策略

企业在市场细分的基础上,要决定为多少子市场服务,即确定目标市场策略时,一般有三种策略可供选择:无差异市场策略、差异市场策略和密集性市场策略。

1.无差异市场营销策略

无差异市场营销指公司只推出一种产品,或只用一套市场营销办法来招徕顾客,当公司断定各个细分市场之间很少差异时可考虑采用这种大量市场营销策略。无差异性营销策略(standardized marketing)是指企业把一类产品看成整体市场一个大的目标市场用一种标准化的营销组合策略,而不考虑单一细分市场的特殊性,只考虑共性。这是一种求同存异的营销策略,旨在通过大规模的生产和经营,产生规模经济效益,降低生产和营销成本。但由于忽视不同国家、不同顾客需求之间的差异,可能会丧失许多市场机会。优点:产品品种单一,销售渠道单一,生产成本、管理费用、销售费用相对低。适用于刚起步的企业,可以在初期采用无差异化营销,等到取得一定成功和发展后,再选择其他营销策略。

2.差异性市场营销策略

差异性市场营销策略是指公司根据各个细分市场的特点,相应扩大某些产品的花色、式样和品种,或制定不同的营销计划和办法,以充分适应不同消费者的不同需求,吸引各种不同的购买者,从而扩大各种产品的销售量。优点:在产品设计或宣传推销上能有的放矢,分别满足不同地区消费者的需求,可增加产品的总销售量,同时可使公司在细分小市场上占有优势,从而提高企业的市场,在消费者之中树立良好的公司形象。缺点：会增加各种费用，如增加产品改良成本、制造成本、管理费用、储存费用等。

3.密集性市场营销策略

密集性市场营销策略是指公司将一切市场营销努力集中于一个或少数几个有利的细分市场。企业面对若干细分市场，无不希望尽量网罗市场的大部分及全部。但如果企业资源有限，过高的希望将成为不切实际的空想。明智的企业家宁可集中全力于争取一个或少数几个细分市场，而不再将有限的人力、财力、物力分散于所有的市场。在部分市场若能拥有较高的占有率，远胜于在所有市场都获得微不足道的份额。在一个或几个细分市场占据优势地位，不但可以节省市场营销费用，增加盈利，而且可以提高企业与产品的知名度，并可迅速扩大市场。

无差异性市场策略或差异性市场策略是以整个市场为目标。而密集性市场策略则是选择一个或少数子市场为目标，这使得企业可集中采用一种营销手段，服务于该市场。所以采用密集性市场策略对目标市场的需求容易作较深入的调查研究，获得较透彻的了解；加之可能提供较佳的服务，企业常可在目标市场获得较有利的地位和特殊的信誉；再加上生产及营销过程中作业专业化的结果，产品设计、工艺、包装、商标等都精益求精，营销效益大为提高。密集性市场策略也有较大的风险性，因为把企业的前途和命运全系于一个细分市场，若该特定的目标市场遭遇不景气时，则企业将受到较大的影响，甚至大伤元气。即使在市场景气时，有时也会招致有力的竞争者进入同一目标市场而引起营销状况的较大变化，致使在总需求增长不变或不快的情况下,使原企业的盈利大幅度降低。因此,多数企业在采取密集性市场策略的同时,仍然愿意局部采用差异性市场策略,将目标分散于几个细分市场中,以便获得回旋的余地。

(三)发电目标市场具体策略

据一般目标市场策略可以看出,无差异市场策略不考虑各子市场的特性差异,只注重各子市场的共性,把所有子市场看成一个大的目标市场,只设计一种产品,运用一种营销组合。由于发电企业面向的电力用户主要是终端大用户和电网经营企业,针对发电市场的具体情况,采用无差异市场策略是不现实的,因此,发电目标市场通常采用差异市场策略和密集性市场策略。

1.差异市场策略

(1)依据使用对象可以将发电市场细分为终端大用户市场和中间输电市场。因此,发电目标市场的具体差异化可以是既为中间输电市场服务,也选择为一些终端大用户服务,并针对两类不同的细分市场采取不同的营销策略。

(2)依据时间因素可以将发电市场细分为期货与期权交易市场、中长期合约市场、日前交易市场、辅助服务市场和实时交易市场。

2.密集性市场策略

依据密集性市场策略的基本理论可以看出,发电企业的密集性市场策略是指发电企业根据自身情况,集中自身优势力量,只选择一个或几个性质相似的自市场作为目标电力市场,制定一套电力营销策略,从而在目标电力市场上获取较大市场占有率。因此,根据发电企业的具体情况,常采用以下几种密集性市场策略:①根据发电企业的自身情况,可以集中自身优势力量,为中间输电市场服务,形成集中化市场策略。②根据发电企业自身情况,可以集中自身优势力量,为中长期合约市场、日前交易市场和实时交易市场服务,形成密集性市场策略。③根据发电企业自身情况,可以集中自身优势力量,为中长期合约市场、日前交易市场、辅助交易市场和实时交易市场服务,形成密集性市场策略。

(四)电力销售目标市场具体策略

由于电力销售市场直接面向广大电力用户,不同电力用户的要求各不相同,因此,电力销售目标市场的具体策略通常采用差异市场策略。

1.依据最终使用对象,电力销售市场可以分为第一产业用电市场、第二产业用电市场、第三产业用电市场和城乡居民生活用电市场。因此,配电企业可以同时为这四类细分市场服务,对不同的细分市场服务,对不同的细分市场采用不同的营销策略,形成差异市场策略。

2.依据电价不同,电力销售市场可以分为居民生活用电、非居民生活用电、商业用电、非工业用电及普通工业用电、大工业用电、农业生产用电、贫困县农业灌溉用电。因此,配电企业可以同时为这七类不同的用户提供服务,对不同的细分市场采用不同的营销策略,形成差异市场策略。

依据需电量的大小,可将电力销售市场细分为大用户、中用户和小用户。因此,配电企业可以同时为这三类不同的用户提供服务,对不同的细分市场采用不同的营销策略,形成差异市场策略。

三、目标电力市场定位

(一)目标电力市场定位的含义

市场定位是在20世纪70年代由美国营销学家艾·里斯和杰克·特劳特提出的,其含义是指企业根据竞争者现有产品在市场上所处的位置,针对顾客对该类产品某些特征或属性的重视程度,为本企业产品塑造与众不同的,给人印象鲜明的形象,并将这种形象生动地传递给顾客,从而使该产品在市场上确定适当的位置。

市场定位并不是你对一件产品本身做些什么,而是你在潜在消费者的心目中做些什么。市场定位的实质是使本企业与其他企业严格区分开来,使顾客明显感觉和认识到这种差别,从而在顾客心目中占有特殊的位置。

市场定位可分为对现有产品的再定位和对潜在产品的预定位。对现有产品的再定位可能导致产品名称、价格和包装的改变,但是这些外表变化的目的是保证产品在潜在消费者的心目中留下值得购买的形象。对潜在产品的预定位,要求营销者必须从零开始,使产品特色确实符合所选择的目标市场。公司在进行市场定位时,一方面要了解竞争对手的产品具有何种特色;另一方面要研究消费者对该产品的各种属性的重视程度,然后根据这两方面进行分析,再选定本公司产品的特色和独特形象。

所谓目标电力市场定位,是指在电力市场细分、目标电力市场选择的基础上,根据目标电力市场上竞争者的地位,结合电力企业自身的条件,从各方面为发电企业或配电企业以及电力产品创造一定的特色,树立一定的市场形象,以求在电力消费者和电力用户心目中形成一种特殊的偏好。

(二)目标电力市场定位的依据

发电企业或配电企业在电力市场细分和目标电力市场选择的基础上,需要依据一定的标志对企业自身以及产品进行定位,鉴于发电企业和配电企业所销售的产品相同,仅仅是所处的生产环节不同,因此,其目标电力市场定位的依据基本相同。

1.根据属性和利益定位

依据电力产品本身的属性以及电力用户由此获得的利益进行定位。比如以"为用户提供经济、合理、安全、可靠的电能"作为电力市场的定位依据。

2.根据价格和质量定位

电力产品的价格,即电价是一个非常重要的因素,以电价为依据进行市场定位,能帮助电力企业在用户心目中树立良好的形象。同样,电力产品的质量也是电力用户非常关心的一个因素,以电力产品质量进行定位同样会起到很好的效果。

3.根据产品用途定位

电力产品的应用很广,可以用于生活的各个方面和国民经济的各个领域,因此,以电力产品的用途进行定位是一个重要的依据。

4.根据使用者定位

不同的使用者对电力产品的要求是不同的,可以根据使用者的不同进行电力市场的定位。例如,发电企业针对大用户进行定位,专门为大用户提供服务;配电企业针对居民用户进行定位,专门为居民用户提供服务。

5.根据竞争地位定位

根据竞争地位进行定位是指选择与竞争对手完全不同的利益或属性来为本企业进行定位。比如某配电企业为其电力产品定位为电压、频率合格,供电可靠,另一配电企业就可选择不同的利益或属性,例如选择电力销售服务好作为定位的依据,可以充分体现不同的竞争定位。

6.几种方法结合使用

将上述多种方法结合起来为电力市场进行定位。

总之,发电企业或配电企业进行市场定位时,一般可以根据具体情况选择不同的定位依据。

第五章　大数据时代电力市场电价营销的策略

第一节　发电企业上网电价的竞争策略

电力市场是不完全的垄断市场,有其自身的特点:如有限的电力提供者,市场进入障碍,电力网络传输限制了用户有效地面向更多的发电厂,线路传输损耗使用户难以向较远的电厂购电等。这些特点决定了在给定的地区只有有限的几个电厂参与竞争,发电厂的竞价对市场有一定的影响力。发电企业上网电价是电价的源头,在电价中的地位非常重要。研究发电企业上网电价及其竞价策略,对完善电力市场的规则或竞价模式的设计有十分重要的意义。

一、上网电价的制定

(一)竞价上网前的上网电价

原国家电力公司系统直属并已从电网分离的发电企业,暂执行政府价格主管部门按补偿成本原则核定的上网电价,并逐步按独立发电企业的上网电价制定办法执行。

电网公司保留的电厂中,已核定上网电价的,继续执行政府价格主管部门制定的上网电价。未核定上网电价的电厂,电网企业全资拥有的,按补偿成本原则核定上网电价,并逐步按独立发电企业的上网电价制定办法执行;非电网企业独资建设的电厂直接按独立发电企业的上网电价制定办法执行。

独立发电企业的上网电价,由政府价格主管部门根据发电项目经济寿命周期,按照合理补偿成本、合理确定收益和依法计入税金的原则核定。其中,发电成本为社会平均成本;合理收益以资本金内部收益率为指标,按长期国债利率加一定百分点核定。通过政府招标确定上网电价的,按招标确定的电价执行。

除政府招标确定上网电价和新能源的发电企业外,同一地区新建设的发电机组上网电价实行同一价格,并事先向社会公布;原来已经定价的发电企业上网电价逐步统一。在保持电价总水平基本稳定的前提下,上网电价逐步实行峰谷分时、丰枯季节电价等制度。燃料价格涨落幅度较大时,上网电价在及时反映电力供求关系的前提下,与燃料价格联动。跨省、跨区电力交易的上网电价按国家发展改革委印发的《关于促进跨地区电能交易的指导意见》有关规定执行。

(二)竞价上网后的上网电价

建立区域竞争性电力市场并实行竞价上网后,参与竞争的发电机组主要实行两部制上网电价。其中,容量电价由政府价格主管部门制定,电量电价由市场竞争形成,容量电价逐步过渡到由市场竞争确定。不参与竞价上网的发电机组,上网电价按独立发电企业的上网电价制定办法执行。

政府制定的容量电价水平,应反映电力成本和市场供需状况,有利于引导电源投资。在同一电力市场范围内,容量电价实行同一标准。容量电价以区域电力市场或电力调度交易中心范围内参与竞争的各类发电机组平均投资成本为基础制定。

各区域电力市场选择符合本区域实际的市场交易模式,同一区域电力市场内各电力调度交易中心的竞价规则应保持一致。在电网企业作为单一购买方的电力市场中,可以实行发电企业部分电量在现货市场上竞价上网,也可以实行发电企业全部电量在现货市场上竞价上网。在公开招标或充分竞争的前提下,电网企业也可以与发电企业开展长期电能交易。有条件的地区可建立发电与用户买卖双方共同参与的电力市场,实行双边交易与现货交易相结合的市场模式;鼓励特定电压等级或特定用电容量的用户、独立核算的配电公司与发电企业经批准直接进行合同交易和参与现货市场竞争。在发电和用户买卖双方共同参与的电力市场中,双边交易的电量和电价由买、卖双方协商确定;现货市场的电量电价,按卖方申报的供给曲线和买方申报的需求曲线相交点对应的价格水平确定;竞价初期,为保证市场交易的顺利实现,可制定相应的规则,对成交价格进行调控。竞价上网后,实行销售电价与上网电价联动机制。为避免现货市场价格出现非正常涨落,政府价格主管部门可会同有关部门根据区域电力市场情况对发电报价进行限价。竞价初期,建立电价平衡机制,保持销售电价的相对稳定[1]。

---

①深圳供电局有限公司. 电力营销在线信息化稽查[M]. 北京:中国电力出版社,2014.

二、发电企业的竞价策略分析

竞价策略是发电企业利用电力市场的这种非完美性不按边际成本报价而增加自身利益的报价行为。竞价策略的主要目标是在考虑电力系统运行的各种规则和限制条件的基础上,通过合法地操纵市场力,合理选择报价曲线,谋求自身利益的最大化。准确的成本分析是进行策略竞价的先决条件。对竞争对手的估计是竞价的关键,因为竞争对手的行为间接影响发电商自身的获利。对竞争对手的估计分为两个方面:一方面是估计竞争对手的生产成本;另一方面是估计竞争对手的竞价策略。由于竞争对手的报价是保密的,只有通过对竞争对手的机组类型和燃料市场进行分析,估计其生产成本,然后在此基础上,结合市场力分析,估计其竞争策略。优化、合理的报价是竞价的最终目的,其途径可分为五类:基于预测市场出清价的方法、市场优化方法、基于博弈论的方法、估计竞争者的竞价行为方法、其他优化方法,如神经网络、模糊聚类分析、蒙特卡洛法。基于以上竞价策略,这里介绍三种发电企业策略性报价的方法。

(一)基于预测市场出清价的方法

这种方法需要较准确地预测出市场的出清价,如果该出清价高于发电企业的成本价,则发电企业只需要稍微低于出清价报价即可。这种方法的优点是原理简单,易于理解,容易操作。但这种方法的难点在于如何准确地预测基于预测市场的出清价。由于很多报价资料都属于商业秘密,因此,在电力市场中可供查询的公开数据十分有限,同时市场出清价波动非常频繁,而且波动幅度很大,所以精确地预测市场出清价十分困难。但随着计算机科学的飞速发展,经济学家将回归分析预测法、人工神经网络法和专家系统预测法等应用到市场出清价的预测上,使市场出清价的预测精度得到了一定程度的提高。目前多数电价的预测研究主要集中在对长期平均电价和超短期电价的预测,对下一交易日清算价格的预测很少。

(二)基于竞争对手的报价策略

这种方法是在对市场上所有竞争对手的报价策略和费用函数的分布函数的各项参数进行预测的基础上,利用概率论或模糊数学的方法得到报价曲线。和收益函数的期望值,最终决定报价策略。这种方法理论性强,需要运用很多数学工具,准确性较高。这种方法的难点在于:在电力市场中,各个竞争对手的报价历史数据以及费用函数都属于企业的商业机密,不公开发布,因此,很难保证这种方法的参数预测准确度。根据实际需要,报价曲线限定为非凹,其中包括上升型、下降型、平报价、V型报价(即只允许单个谷存在)。

(三)基于博弈论的报价策略

博弈属于数学的一个分支,目的是巧妙的策略,而不是解法,在于赢得更好的结果。博弈论是指研究多个个体或团队之间在特定条件制约下的对局中利用相关方的策略而实施对应策略的学科。

电力市场具有寡头竞争的特点,因此,发电企业的报价行为实质上是一个相互博弈的过程。每个发电企业都尽力运用博弈论使自己在和他人的竞争中取得自身利益的最大化,而且每个发电企业的决策和竞争对手的决策相互作用。

第二节　输配电价格策略以及定价方法

为建立健全合理的输配电价机制,促进电网发展,提高电网经营企业效率,维护电网安全、稳定运行,按照国家发展和改革委员会发布的《输配电价管理暂行办法》的规定,输配电价是指电网经营企业提供接入系统、联网、电能输送和销售服务的价格总称。输配电价按"合理成本、合理盈利、依法计税、公平负担"的原则制定,以有利于引导电网投资、完善电网结构,促进区域电力市场的建立和发展,满足国民经济和社会发展的需要。

输配电系统是联系发电与用电的桥梁,合理的输电费用(转运费)将给市场提供正确的经济信号,促使输电资源的优化使用。电力市场的基本规律是发电竞争、电网开放和用户管理,其核心就是将输电服务从电力生产和配电中分离出来,单独定价和签订合同。在电力市场中输电服务必须合理收费,研究输电费用无疑成为电力市场中的一个重要内容。

一、输电服务的种类

输电服务就是将电力产品从发电企业安全、经济、优质地输送到大用户的过程。按服务方式可将其分为两类:①点对点输电服务,它需要预先指定好电源点和负荷点,需要指定输电的路径,电能只能在协议规定的连续路径中流过。点对点输电服务分为固定和不固定输电服务,该服务可以转让;②网络输电服务,它是从网络电源到网络负荷的输电服务,无固定

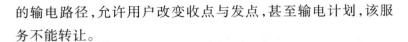

的输电路径,允许用户改变收点与发点,甚至输电计划,该服务不能转让。

二、输配电价格体系

输配电价格体系分为两个层次的问题:输电线路定价的问题和输电费用分摊的问题。合理的定价可以促使电网公司提高自身管理、规划和运行水平,合理的分摊可以维护电力市场参与各方的利益,避免补贴现象的产生。

(一)输配电费用的构成

输配电费用是指承担输电业务的输电网络在提供输电服务时所花费的费用,主要由电网使用费、专项服务费、辅助服务费构成。

1.电网使用费

电网使用费由使用成本、机会成本、电网扩建成本、管理服务费等组成。

(1)电网使用成本:含输电网络,设施折旧费,网络的运行维护费,输电的有功、无功损耗费等。其中网损的计算较为复杂,与电网的运行方式及输送距离关系密切。网络的运行维护费包括普通修理费和更新维修费。输配分开后,应单独制定输电价格和配电价格。

(2)机会成本:在输电网络完全开放的情况下,由于发电与购电的竞争程度的增加,若输电服务引起线路潮流越限,发生电力传输阻塞的可能性增加时,部分电力交易合同不能正常履行,由此引发的利润损失,通常称为阻塞管理费用。若输电服务并未引起任何线路潮流越限,即在无阻塞的情况下,机会成本就没必要考虑。

（3）电网扩建成本：为满足输电服务需要而新建输电设备的投资成本。

（4）管理服务费：包括交易执行前调度人员进行信息的处理、分析、预测、调度等工作，交易后为保证电网运行的收支平衡和适当收益进行的结算等工作以及其他一些对输电所提供的管理服务费用。

2.专项服务费

专项服务费是指电网经营企业利用专用设施为特定用户提供服务的费用，分为接入价、专用工程输电价和联网价三类。接入价指电网经营企业为发电厂提供接入系统服务的价格。专用工程输电价指电网经营企业利用专用工程提供电能输送服务的价格。联网价指电网经营企业利用专用联网工程为电网之间提供联网服务的价格。

3.辅助服务费

随着发电竞争的引入和电网开放的实施及新技术，增加了电网运行和控制的复杂性，会产生一些新的引起电网稳定、过负荷、低频振荡、系统崩溃等问题，因此需要利用一些辅助设备对电网频率和电压进行调整和控制，从而产生辅助费用。这些辅助设备包括频率控制（负荷跟踪）、可靠性备用（旋转备用和快速启动机组）、非旋转备用（运行备用）、无功备用/电压控制、有功网损补偿和事故恢复等。

（二）输配电成本计算

输配电成本计算问题主要与产权及费用统计有关，下面介绍两种较为常用的方法。

1.年度会计成本法

会计成本法是指会计记录在公司账册上的客观的和有形的支出,包括产、销过程中发生的原料、动力、工资、租金、广告、利息等支出。按照我国财务制度,总成本费用由生产成本、管理费用、财务费用和销售费用组成。输电成本有狭义和广义之分。狭义的输电成本仅指生产运行成本,通常由折旧费、运行维护费、工资及附加费、网损等构成。广义的输电成本不仅包括生产运行成本,同时还包括资金成本,由折旧费、运行维护费、工资及附加费、网损、税金、财务费用和投资回报等构成。

2.平均增量成本法

年度会计成本法仅涉及当年输变电设备容量成本的静态值。但因为输变电投资不是每年平均投入,尤其是高电压等级的输电线路和变电所投产后,通常需几年才能达到额定负荷运行,因此这种静态计算难以反映输变电投资的合理分布情况。为了保持输变电价格的相对稳定,应采用平均增量成本法,即根据某一时期输变电投资总和与所增加的总输送容量之比求得单位输送容量所需的平均输变电投资。其计算步骤为:依据合理的负荷预测,制定电网在相应时段的发展规划;计算各电压等级线路及变电所的年金;计算各级电压输变电容量成本[1]。

三、输电费用的分摊方法

输电费用分摊的基本要求是:公平合理、不存在互贴;计

---

[1]张建林.分析电力市场营销中集中电费核算的应用[J].通讯世界,2019,26(8):331-332.

算简单,计算量小;过程透明、易于操作;收支平衡;经济实用。要想设计出满足以上要求的输电费用分摊方法较为困难,人们不得不进行一些简化处理。常用的方法有合同路径法、邮费法、边界潮流法、距离功率法、逐线计算法等。

(一)合同路径法

合同路径法是指以输电服务合同中规定的路径中所发生的输电成本为依据计算输电服务费用。该方法适用于电网规模较小的情况,此时系统连线比较简单。合同路径法认为转运(输电服务)过程中,从功率注入点到功率流出点可以人为确定一条连续路径,电能按合同规定的路径流过,并假定此时该路径应有足够的可用容量。

(二)邮费法

邮费法是以每项输电服务的输电功率与整个电网的输电功率的比率为依据,在计算整个电网总成本的基础上,通过比率法确定每项输电服务的输电服务费用。邮费法是目前运用较为普遍的一种方法,这种方法认为转运的注入和流出节点位置与转运的距离无关,在计算转运费时,先计算整个输电网的总成本,然后在所有的转运贸易中,按实际转运功率的大小平均分摊整个输电网的转运成本,因此,称为邮费法。这种方法与合同路径法不同,不考虑各部分特定输电设备的成本。其优点是操作简单,缺点是某些输电服务有失公平,因为消耗同样电能的用户其所需的输电费用与距离是有关的。

(三)边界潮流法

边界潮流法是以输电服务引起的电网边界潮流变化为依据,通过计算电网的潮流,根据潮流分布按各电压等级功率或电量的来源比例分摊输电成本费用的方法。边界潮流变化主要是指边界联络线的功率变化，这种方法由于考虑了各项输电服务对电网各支路潮流分布的影响，计算较为精确，适合于系统中双边合同较少或系统间联络线较为明确的情况。

(四)距离功率法

距离功率法是以电网所有设备和线路每千米的成本为依据，通过潮流计算确定某项输电服务的实际距离，按该项输电服务的实际距离和功率计算输电费用的方法。距离功率法是一种既考虑输电服务的输电功率又考虑输电距离的定价法，克服了邮费法对距离远近不同的用户同等对待的不公平做法。

(五)逐线计算法

逐线计算法是考虑转运业务对输电网每条线路潮流的影响，结合线路的长度，分别计算有、无转运业务时各支路的潮流，并以此为依据计算转运费。逐线计算法与距离功率法较为相似，所不同的是逐线计算法不是将发电、负荷节点全移去，而是在一定的负荷水平下，计算有、无转运业务对输电网的影响。

以上几种方法统称为综合成本法，它具有概念清楚、计算简单、数据采集比较容易，能保证电网的收支平衡、价格比较稳定的优点，缺点是只能反映过去的情况，不能反映系统未来资源的价值，不利于价格经济信号作用的实现。由于我国目前电力系统的成本及电价计算均采用综合成本法，所以，综合成本法计算转运费有一定的应用前景。结合我国目前的电力运行情况，省内电网的转运费可采用邮费法，省间转运费的计算可采用合同路径法或逐线计算法。

上述方法存在一些问题,主要体现在:这些方法大多适用于系统中存在少量转运合同的情况。当系统中有多项转运时,由于电力系统的非线性特征,这些转运不具有叠加性。因此,计算各转运的先后顺序对计算结果有很大影响。

第三节　销售电价的制定与定价策略

一、销售电价的制定

为建立健全合理的销售电价机制,充分利用价格杠杆,合理配置电力资源,保护电力企业和用户的合法权益,按照国家发展和改革委员会发布的《销售电价管理暂行办法》的规定,销售电价是指电网经营企业对终端用户销售电能的价格。销售电价实行政府定价,统一政策,分级管理。销售电价分类改革的目标是分为居民生活用电、农业生产用电、工商业及其他用电价格三类。

居民生活、农业生产用电,实行单一制电度电价。工商业及其他用户中受电变压器容量在100 KVA或用电设备装接容量100 kW及以上的用户,实行两部制电价。受电变压器容量或用电设备装接容量小于100 KVA的实行单一电度电价,条件具备的也可实行两部制电价。

两部制电价由电度电价和基本电价两部分构成。电度电价是指按用户用电度数计算的电价;基本电价是指按用户用电容量计算的电价,基本电价按变压器容量或按最大需量计费,由用户选择,但在一年之内保持不变。基本电价按最大需量计费的用户应和电网企业签订合同,按合同确定值计收基本电费,如果用户实际最大需量超过核定值的5%,超过5%部分的基本电费加一倍收取。用户可根据用电需求情况,提前半个月申请变更下一个月的合同最大需量,电网企业不得拒绝变更,但用户申请变更合同最大需量的时间间隔不得少于六个月。

对于实行两部制电价的用户,按国家有关规定同时实行功率因数调整电费办法。销售电价实行峰谷、丰枯和季节电价,具体时段划分及差价依照所在电网的市场供需情况和负荷特性确定。具备条件的地区,销售电价可实行高可靠性电价、可中断负荷电价、节假日电价、分档递增或递减电价等电价形式。

配电企业为达到特定的电力营销目标,要制定相应的销售电价策略。在电力市场营销中,销售电价策略是非常重要的,它决定着配电企业在市场上能否取得经营成功。

二、销售电价策略

销售电价策略主要包括两部制电价策略、峰谷分时电价策略、丰枯季节电价策略、功率因素调整电价策略和可靠性电价策略等。

(一)两部制电价策略

1.两部制电价概述

现行电价的计价方式分为一部制和两部制电价两种。一部制电价是按用电量多少计算电费的,它特别适用于成本中大部分是属于电量成本,而容量成本非常少的情况下的电价。

一部制电价主要用于生活照明电价、非工业电价、普通工业电价和农业电价。两部制电价制度早在1892年就由英国J.霍普金森博士提出,至今仍被世界各国采用,它也是我国电力部门的一项基本电价制度。我国电力销售环节对大工业用电实行两部制电价,而大工业用电在总的电力消费中占有较大的比重,因此形成科学、合理的两部制电价是建立合理的销售电价机制的重要环节。

我国从1953年开始,对大工业用电实施两部制电价的制度,一直延续至今。两部制电价是指销售电价分为容量电价和电度电价两部分,容量电价用来反映供电成本中固定费用的补偿,称为基本电价;电度电价用来反映供电成本中变动费用的补偿,也称流动电价。基本电价是按照工业用户的变压器容量或最大需用量(即一月中每15分钟或30分钟平均负荷的最大值)作为计算电价的依据,由供电部门与用电部门签订合同,确定限额,每月固定收取,不以实际耗电数量为转移;电度电价是按用电部门实际耗电度数计算的电价。

2.两部制电价的优点

在电价构成中既考虑了用电量因素,又考虑了负荷率因素,并与电力成本变动的特点相适应。其主要优点是:可以利用基本电价和电度电价两部分分别计算电价的办法,激励用电部门提高用电设备或最大负荷的利用率,运用价格杠杆来促进工业用户用电的合理化;由于用电部门的用电设备或最大负荷率的提高,使电力企业的设备利用率也有可能随之提高,从而大大降低供电成本;有了基本电价,不仅有利于电力客户合理负担电能使用电费,而且可以保证电力企业合理收入,以补偿成本支出并取得正常的利润。由于两部制电价比单一制电价具有更多的优点,两部制电价成为当今世界各国普遍采用的一种先进的电价制度。

3.我国两部制电价推行中存在的问题

随着电力用户在种类、数量以及用电需求上的变化,要求两部制电价更合理、具有更强的灵活性。尤其是在电力市场环境下,现行两部制电价制度已不能适应新形势下的电力需求,存在的问题包括以下几方面。

(1)两部制电价的实施范围偏小:目前,我国执行两部制电价的用户基本上只限于大工业用户(用电变压器容量315 KVA及以上),推进两部制电价政策力度小,电力用户执行两部制电价的比例还很小,因而不利于促进用电负荷率的提高,也不利于通过价格杠杆有效配置电力资源。同时,因两部制电价实施范围有限,没有起到促进各类用户公平负担电力成本的作用,销售电价中交叉补贴现象大量存在。

(2)两部制电价的基本电价和电度电价比例失衡,主要是基本电价在两部制电价中的比例偏低:从工业电费统计情况看,基本电费仅占10%~15%,与国际可比水平仍相差甚远。与此同时我国电度电价水平偏高,且基本电价和电度电价无季节差异,结果使得两部制电价不能准确反映不同电压等级和负荷率的价差以及容量电价和电度电价的价值关系,不利于电网负荷率的均衡调整。

(3)不同电压等级之间差价不合理:目前各电压等级的价差只体现在电度电价中且价差偏小,基本电价在各电压等级上没有价差。由于各电压等级用户供电成本的差异很大一部分来源于各电压等级输配电容量投资的差异,单独依靠各电压等级电度电价的差价是不能够准确反映各电压等级供电成本的差异,所以两部制电价中应当考虑基本电价在各电压等级的价差。

(4)计价方式不科学,容量电价大多按受电变压器容量计算,只有少部分用户按需量计算:用变压器容量计算基本电费的好处是可以省去最大需量电表,并节省抄表的工作量。而按受电变压器容量计算基本电价,对促进用户改进负荷率不起实际作用,用户即便降低高峰负荷,并不能降低其基本电费。另外,按变压器容量计价,用户为降低基本电费负担通常尽量减少变压器容量,使变压器在满负荷和超负荷状态下运行,使配电变压器不能在经济负载下运行,增加了变压器损耗和相应供电成本。

(二)峰谷分时电价策略

由于电网生产运行的特殊性,电力需求的管理除政策规定外,还要有相应的技术手段和经济手段,才能保证电网安全、稳定、合理地运行,更大限度地满足社会用电的需要。因电力企业是资金型企业,资金回报率相对较低,为使有限的电力对社会发挥最大的作用,制定峰谷电价拉开负荷高峰与低谷期间的用电电价,从而起到电价作为经济杠杆的调节作用。

峰谷分时电价策略是指依据日负荷的变化,将每天 24 小时分为低谷时段、高峰时段和平段,对低谷时段用电的用户给以价格上的优惠,鼓励用户在低谷时用电,而对高峰时段用电的用户,不论基本电价还是电度电价均高于平时时段的电价,从而起到限制高峰时段用电需求的作用。

1.执行范围

发电环节：发电企业的上网电量以及省电网与地方电网之间购、售电量，全部实行峰谷分时电价。用电环节：大工业用户和受电变压器容量在 100 KVA 及以上的非、普工业用户全部实行峰谷分时电价。居民生活用电、旅游星级宾馆饭店执行商业电价的电量、农业排灌（由省电网直供的 100 KVA 及以上）用电由用户选择实行峰谷分时电价，用户选择后，应保持一年不变。

2.浮动幅度

发电环节：发电企业的上网电量以及省电网与地方电网之间购、售电量，平段按规定电价执行，尖峰及高峰时段上浮 22%，低谷时段下浮 40%。用电环节：大工业和受电变压器容量在 100 KVA 及以上的非工业、普通工业、农业排灌用电价格，尖峰时段上浮 90%，高峰时段上浮 35%，低谷时段下浮 60%，但下浮后低谷时段电度电价（不含农网还贷基金和城市公用事业附加）平水期每千瓦时低于 0.14 元的按每千瓦时 0.14 元计收，丰水期每千瓦时低于 0.124 元的按每千瓦时 0.124 元计收，枯水期每千瓦时低于 0.156 元的按每千瓦时 0.156 元计收。星级宾馆饭店中的商业照明用电低谷时段电价下浮 30%，其余时段不动。居民生活用电的峰谷分时电价实施办法另行下达。

峰谷时段的划分，不同的电网可根据日负荷特性进行划分。根据每个电网所处的地理位置不同，在具体选择时段上有所不同，如京、津、唐电网高峰时段为早 8～11 点，晚 18～23 点；低谷时段为夜间 23 点至次日凌晨 7 点；其他时间为平时段。

（三）丰枯季节电价策略

一般在水电比重较大的电网实行丰枯季节电价策略,其目的是提高电力系统的负荷率,减少水电站的弃水量。

丰枯季节电价策略是依据季节和来水量将电价分为丰水期电价和枯水期电价,丰水期电价一般比现行电价低30%~50%,以鼓励用户在丰水期用电;枯水期电价可比现行电价高30%~50%,以限制用户在枯水期用电,最终起到平衡电力系统负荷的作用。

1. 丰枯季节划分

全年按发电来水和用电需求情况分为平水期、丰水期、枯水期三个季节,平水期为3月、7~9月,丰水期为4~6月、10月,枯水期为11月~次年2月。

2. 执行范围

发电环节:发电企业的上网电量以及省电网与地方电网之间购、售电量,全部实行丰枯季节电价。用电环节:大工业用户和非、普工业用户全部实行丰枯季节电价。居民生活、非居民照明、商业、农业生产用电、贫困县农业排灌暂不实行丰枯季节电价。

3. 电价标准

发电环节:发电企业的上网电量,平水期按规定价格执行,丰水期水电每千瓦时降低0.03元,火电每千瓦时降低0.04元,枯水期水电每千瓦时提高0.04元,火电每千瓦时提高0.03元。用电环节:大工业用户和非、普工业用电量,平水期按规定价格执行,丰水期每千瓦时降低0.04元,枯水期每千瓦时提高0.04

元。省电网与地方电网之间购、售电量,平水期按规定价格执行,丰水期每千瓦时降低 0.03 元,枯水期每千瓦时提高 0.03 元。

目前,我国部分水电较多的省份实行了丰枯季节电价,执行丰枯季节电价的销售电量约 480 亿 kWh,占全国总售电量的 5%左右[①]。

(四)功率因数调整电价策略

1.功率因数的基本概念

在交流电路中,电压与电流之间的相位差(φ)的余弦叫作功率因数,用符号 $cos\varphi$ 表示,在数值上,功率因数是有功功率 P 和视在功率 S 的比值,计算公式为

$$cos\varphi = P/S$$

$$(5-1)$$

功率因数的大小与电路的负荷性质有关,如白炽灯泡、电阻炉等电阻负荷的功率因数为 1,一般具有电感性负载的电路功率因数都小于 1。功率因数是电力系统的一个重要的技术数据。功率因数是衡量电气设备效率高低的一个系数,功率因数低,说明电路用于交变磁场转换的无功功率大,从而降低了设备的利用率,增加了线路供电损失。所以,供电部门对用电单位的功率因数有一定的标准要求。

电力系统向用户供电的电压,是随着线路所输送的有功功率和无功功率的变化而变化的。当线路输送一定数量的有功功率时,如输送的无功功率越多,线路的电压损失越大,即送

至用户端的电压就越低。如果110 kv以下的线路,其电压损失可近似为

$$\Delta U = (PR + QX) / U_N$$

(5-2)

式中:

ΔU——线路的电压损耗;

U_N——线路的额定电压;

P——线路的有功功率;

Q——线路输送的无功功率;

R——线路电阻;

X——线路电抗。

由上式可见,当用户功率因数提高以后,它向电力系统吸取的无功功率就会减少,因此电压损失也要减少,从而改善了用户的电压质量。

2.功率因数的标准值及其适用范围

(1)功率因数标准为0.90,适用于160 KVA(kW)以上的高压供电工业用户(包括社队工业用户)、装有带负荷调整电压装置的高压供电电力用户和3200 KVA及以上的高压供电电力排灌站。

(2)功率因数标准为0.85,适用于100 KVA(kW)及以上的其他工业用户、100 KVA(kW)及以上的非工业用户和100 KVA(kW)及以上的电力排灌站以及大工业用户未划由电力企业经营部门直接管理的趸售用户。

(3)功率因数标准为0.80,适用于100 KVA(kW)及以上的农业用户和趸售用户,但大工业用户未划由电业直接管理的

趸售用户,功率因数标准应为0.85。

3.功率因数的计算

(1)凡实行功率因数调整电费的用户,应装设带有防倒装置的无功电度表,按用户每月实用有功电量和无功电量,计算月平均功率因数。

(2)凡装有无功补偿设备且有可能向电网倒送无功电量的用户,应随其负荷和电压变动及时投入或切除部分无功补偿设备,电业部门并应在计费计量点加装带有防倒装置的反向无功电度表,按倒送的无功电量与实用的无功电量两者的绝对值之和,计算月平均功率因数。

(3)根据电网需要,对大用户实行高峰功率因数考核,加装记录高峰时段内有功、无功电量的电度表,据以计算月平均高峰功率因数;对部分用户还可以试运行高峰、低谷两个时段分别计算功率因数的方法。

4.功率因数调整电价策略

功率因数调整电价策略是指当用户实际用电,功率因数高于或低于规定标准值时,以电量电费、基本电费为基数,按规定比例进行增(罚)、减(奖)调整的电费,从而限制用户无功功率的消耗。

(五)可靠性电价策略

可靠性电价策略是指根据用户对供电可靠性的不同要求,对选择了一定可靠性的用户给予不同的电价。一般来说,对供电要求的可靠性越高,电价水平越高;反之,对供电要求的可靠性越低,电价水平越低。实施可靠性电价策略一般要做好以下两个方面的工作。

1.根据对可靠性的要求对用户进行分类

一类用户是指突然中断供电将会造成人身伤亡或会引起周围环境严重污染的、将会造成经济上的巨大损失的、将会造成社会秩序严重混乱或在政治上产生严重影响的用户;二类用户是指突然中断供电会造成经济上较大损失的、将会造成社会秩序混乱或政治上产生较大影响的用户;三类用户是指不属于上述一类和二类负荷的其他用户,这类用户对供电的可靠性要求较低,如果中断供电所造成的损失不大。

电力用户的这种分类方法,其主要目的是为确定供电工程设计和建设标准,保证使建成投入运行的供电工程的供电可靠性能满足生产或安全、社会安定的需要。

2.对可靠性要求不同的用户分别采取不同的电价

由于电力系统存在电力短缺的现象,为了保证系统的安全运行,通常采用切除负荷的方法,会给用户造成直接或间接的经济损失,即产生缺电成本。随着配电市场向用户的全面开放,越来越多的用户不仅要求选择电力供应商,还会迫切要求供应商提供不同供电可靠性水平的服务。对配电公司而言,为了适应竞争激烈的市场环境,必须估计系统的供电可靠性,针对不同用户的具体需求制定合理的可靠性电价和赔偿机制。

对用户而言,可靠性指标主要包括年平均停电时间、平均停电持续时间、停电频率、停电时段、失负荷率和是否提前通知等。根据配电系统可靠性评估技术可以将各指标综合得到等值的供电可靠性指标,从而确定可靠性的等级。不同等级的可靠性分别制定不同的电价,制定原则是"优质高价,劣质低价"。用户可以根据自己的用电特性和缺电成本,选择不同的可靠性电价。通常情况下,用户选择的原则是所获得的电价优惠大于缺电成本,在满足这个条件的情况下,更愿意选择低等级的可靠性而获得更高的利润。

由于不同的用户对可靠性的要求不同,可靠性要求高的用户,配电企业必须保证供电的可靠,尤其在负荷高峰时,要保证用户供电不中断,就需要采取一定的调峰措施,配电企业所付出的代价就高。因此,对这类用户的电价应适当提高。相反,对供电可靠性要求不高的用户,可以在高峰时段中断供电,配电企业就应为用户降低供电可靠性所付出的代价给予一定的补偿,此时,电价水平可以适当降低。

采用可靠性电价策略不仅可以满足用户对供电可靠性的要求,而且对提高电价水平的合理化、增加系统安全维护的选择性、降低整个系统的容量成本和做好电力负荷工作,都有着十分重要的意义。

第四节 电力企业间的联动与博弈分析

随着电力市场化的改革,电力生产、输送和销售各个环节都将引入竞争,形成完全开放的电力市场。在完全开放的电力市场条件下,销售电价将成为联结配电企业与电力用户之间的纽带。

一、发电企业、电网经营企业与配电企业的联动分析

销售电价的高低是发电侧、输电侧和需电侧管理的集中体现，也是制约发电企业、电网经营企业、配电企业利润和用户效用的关键因素。设 Q 为发电量，并假定发电量与输电量和用户购买电量相等。发电企业追求利润最大化可以用公式表示为

$$max\, M_f = max\,(QP_S - C_t)$$

（5-3）

式中：

M_f——发电企业的利润；

C_t——发电企业的投资成本；

P_S——发电侧的上网电价。

电网经营企业是从发电企业购买电能，支付给电力企业的价格为上网电价，终端用户的使用价格为销售电价，两者之间的差额去掉输电成本等，就是电网公司的利润。因此，电网经营企业的利润主要来自于收取过网费用，设单位电量和单位距离的过网费为 P_g，则电网经营企业追求的最大利润为

$$max\, M_d = max\,(QP_g - C_d)$$

（5-4）

式中：

M_d——电网经营企业的利润；

C_d——电网经营企业的运行成本；

P_g——单位电量和单位距离过网费。

配电企业主要是购买一定的电量，并销售给用户，所以配电企业追求的最大利润为

$$max\, M_P = max\left[\left(P_x - P_s\right) \times Q - C_p\right]$$

$$(5-5)$$

式中：

M_P——配电企业的利润；

P_x——销售电价；

C_p——配电企业的运行成本。

因此，只有在满足发电企业、电网经营企业和配电企业合理利润的情况下，制定合理的电价，才能实现电力市场化条件下电力的优化配置，电价的变动是影响他们利润的关键因素。

$P_x\uparrow$（假定其他变量保持不变，由式5-5可知）$\rightarrow M_P\uparrow\rightarrow C_p\uparrow$（假定电网经营企业不影响配电企业的利润$M_P$）$\rightarrow P_g\uparrow$（由式（5-4）可知）$\rightarrow M_d\uparrow$（假定发电企业不影响配电企业的利润$M_P$）$\rightarrow P_S\uparrow$（由式（5-3）可知）$\rightarrow M_f\uparrow$。

用同样的方法可以分析销售电价降低对各环节的利润影响。销售价格降低（其他因素保持不变），则发电企业、电网经营企业、配电企业的利润都会降低。因此，作为发电企业、电网经营企业、配电企业都会寻找机会，提高销售电价，从而提高它们的利润①。

二、配电企业与用户的博弈分析

电价是配电企业和用户的连接桥梁，是双方利益最直接的体现。为了对双方都产生激励作用，电价确定的目标是实现配电企业利润的最大化和用户成本的最小化或获得用户的最

①兰秋伟. 基于电力市场改革的电力营销管理探究[J]. 山东工业技术，2019（3）：197.

大效用。

$$
\begin{cases}
max\, M_P = max\left[\left(P_x - P_s\right) \times Q - C_p\right] \\
max\, T = (M - P_x Q) \times Q
\end{cases}
$$

（5-6）

式中：

T——用户获得的效用水平；

M——用户具有支付能力的年货币量；

P_x——用户的单位购买电量的价格，即销售价格；

Q——用户的年需求电量。

无论以何种方式制定配网电价，都必须遵循配电网的物理约束条件。首先是电网的能量平衡等式约束条件：配电企业购买的电量与用户实际消耗的电量相等，即

$$
Q_c + Q_d = Q_p + Q_s
$$

（5-7）

式中：

Q_c——配电公司在长期市场购买的电量；

Q_d——配电公司在短期市场购买的电量；

Q_p——配电企业的销售电量；

Q_s——配电网的损耗电量。

其次是潮流的限制条件：

$$
\begin{cases}
P_{Lmin} < P_L < P_{Lmax} \\
Q_{Lmin} < Q_L < Q_{Lmax} \\
V_{Jmin} < V_J < V_{Jmax}
\end{cases}
$$

（5-8）

式中：

P_L——线路的有功潮流；

Q_L——线路的无功潮流；

V_J——节点电压。

由于电力市场中电网潮流分布主要取决于电力交易的分布，于是不可避免地会出现线路的阻塞现象。阻塞会产生较高的销售电价，从而使配电企业获得阻塞利润。这里假设不考虑线路的阻塞现象。

考虑用户因没达到可靠性要求的额外停电得到的赔偿倍数 ρ_P，即

$$\rho_{Pmin} \leqslant \rho_P \leqslant \rho_{Pmax}$$

（5-9）

目标函数式受到约束，并构成配电企业利润与用户效用的优化模型。

该模型说明用户和配电企业作为电力市场上博弈的双方，假定其他变量都保持不变，销售价格↑→配电企业的利润↑→用户效用降低↓→收入效应↓→替代效应↓，反之亦然。不论双方如何博弈，则最终需要满足电网的能量平衡等式，不论销售价格是提高还是降低，都不会偏离平衡曲线。但在电力市场化条件下，当用户无法实现自己的效用最大化后，就会在市场上选择其他一些替代产品，提高自己的替代效应，从而尽可能实现效用最大化。所以用户就会购买替代品（天然气、煤气等），减少电量的购买，保证其效用得以实现。用户购买电量的减少，使配电企业的利润降低，则输电企业和发电企业的利润也将降低。

为保证用户效用水平,降低替代效应,增加电量购买,进一步降低成本,宣传二次能源优越性,提高配电企业利润,电力企业应采取如下竞争策略。

1.电力市场开拓要通过减少投资、降低使用费用、加强宣传、搞好服务、政策引导等综合手段来实现增加电量销售,提高利润。

2.利用环保要求日益提高这一有力武器,在环保要求严格的地方,积极促进环保部门出台法规,提倡使用洁净、高效、便捷的电锅炉,有针对性制定电锅炉的用电电价,使锅炉使用者,经综合技术、经济性比较以后,优先选用它。

3.热情支持电动汽车研制,积极与政府、研发商及社会一起推动电动汽车进入商业实用阶段,形成新的电力销售市场。

4.电力企业间在市场经济条件下的竞争,归根到底是争取用户的竞争。对广大居民用户,可通过采取先入为主的营销策略,免费安装电力炊具、电热水器等家用电器,吸引用户增加电力、电量消费,抢占电力销售市场。

第六章　大数据时代电力市场营销管理的实施

第一节　电力市场营销的组织管理

电力市场营销组织、计划与控制工作是电力市场营销工作的重要内容,加强电力市场组织、计划与控制对于保证电力市场营销活动的有效开展具有重要意义。

电力市场营销组织是指执行电力市场营销计划,面向电力市场为电力客户服务的职能部门。电力市场营销部门的组织形式主要受宏观经济体制、电力市场营销环境、电力企业自身条件、电力企业经营方向及业务特点决定。

电力市场营销组织是随着经济体制的改革、电力市场的不断完善以及电力市场营销观念的发展而逐渐演变的。

一、传统体制下的用电管理组织

在传统的垂直一体化电力工业体制下,由于电力严重供不应求,电力企业处在典型的电力生产观念阶段,电力企业工作的重点是组织燃料,尽可能地多发电,以满足国民经济和人民生活的需要。此时电力市场营销组织实际上就是用电管理部门。用电管理部门的主要任务就是坚持用电监察,即计划用电管理、节约用电管理和安全用电管理。

（一）计划用电管理

计划用电管理就是按照市场经济规律和国民经济发展的需要,根据国家对电力实行统一分配的具体政策和规定,在各级政府的领导下,组织国民经济各部门、各行业,对发电、供电和用电实行综合平衡、合理分配、科学管理、节约使用、灵活调度,以保证发挥电力资源的最大经济效益,满足国民经济发展和人民生活用电的需要。

（二）节约用电管理

节约用电管理就是采取各种节电措施,尽可能降低电能的有效消耗和减少电能的损耗。其中电能的有效消耗是指直接消耗在产品的物理过程及化学过程中的电量;电能的损耗是指产品在生产过程中由于设备特性和生产操作过程本身的各种损失所消耗的电量。

节约用电管理分为管理节电、结构节电和技术节电。管理节电是通过改善和加强用电管理和考核工作来挖掘潜力,找出减少浪费的节电方式;结构节电是通过调整产业结构、工业结构和产品结构来达到节电的方式;技术节电是通过设备更新、工艺改革、采取先进技术来达到节电的方式。

（三）安全用电管理

安全用电管理就是通过安全检查、安全宣传、推广安全经验等措施消除用电中的不安全因素,不断提高安全用电水平。

二、电力市场体制下的电力市场营销组织

电力市场体制下,厂网分开,各级电网经营企业分别设置了电力营销部门负责电力营销工作。通常分三级结构,即由省级电网经营企业(输电企业)、市级电网经营企业(供电企业)和市级电网经营企业的分支部门(供电分公司)分别设置电力营销部门。各级电力营销部门的职责分别如下。

(一)省级电网经营企业营销部的职责

负责制定公司电力营销方面的标准、规程、制度和办法,研究拟定公司营销战略;负责编制公司营销规划和计划并组织实施;负责公司电力市场和电力需求侧管理及电力市场开拓工作;负责公司用电营业、电(热)能计量、电费回收、营销技术、用电稽查和优质服务等管理;负责公司电力营销方面重大问题的协调处理;负责农电政策研究和农电体制改革,负责农村供电所综合管理和农电综合统计工作。

(二)市级电网经营企业营销部的主要职责

负责贯彻落实上级有关文件、标准和管理规定;负责编制公司营销规划和计划并组织实施;负责公司电力市场和电力需求侧管理及电力市场开拓工作;负责公司用电营业、电(热)能计量、电费回收、营销技术、用电检查、用电稽查、负荷管理系统的运行管理和优质服务等工作;负责公司电力营销问题的协调处理;负责农电政策研究、农电体制改革、农村供电所的综合管理和农电综合统计工作;协助有关部门负责进网作业电气承装单位资质考核及管理,客户进网作业电工培训、考核和管理工作。

(三)市级电网经营企业分公司营销部的主要职责

负责贯彻落实上级有关文件标准、规程和管理规定;负责编制公司营销规划和计划并组织实施;负责公司电力市场和电力需求侧管理及电力市场开拓工作;负责公司用电营业、电能计量、电费回收、营销技术、用电检查、用电稽查、负荷管理系统的运行管理和优质服务等工作;负责农电规章制度的执行、农电体制改革和农电综合统计工作;负责农村供电所的综合管理和考核工作;归口负责对农电公司工作进行指导、管理和监督;协助有关部门负责进网作业电气承装单位资质考核及管理,客户进网作业电工培训、考核和管理工作[①]。

三、电网企业的"一部三中心"

2007 年 3 月 22~23 日,国家电网公司在陕西渭南召开电费管理中心、客户服务中心建设工作座谈会,提出了全面加快公司 2007 年营销工作重点"一部三中心"建设。"一部三中心"的建设是指建立营销部、电能计量中心、电费管理中心、客户服务中心。

按照国家电网公司要求,各电力公司必须以营销"一部三中心"建设为契机,树立大营销、大市场、大服务的营销理念,充分发挥市场导向作用,创新营销体制,转变工作机制,建立反映快速、整体协同运作的营销组织模式;按照集团化运作、集约化发展、精细化管理、标准化建设要求,本着有利于提高服务质量、有利于提升市场反映能力、有利于提升管理水平、有利于提高企业经济效益的原则,针对客户服务中心的建设提出了"客户服务中心围绕客户转,其他部门围绕客户服务中心转"的建设思路,要求突出"全员和全过程"的服务,实现"一保客户满意,二保政府放心"的工作目标。

---

①宋剑峰. 电力市场营销存在问题及强化对策研究[J]. 建筑工程技术与设计,2019(14):4481.

（一）营销部

电力营销在电网经营企业的主营业务中具有基础性、先导性的重要作用,而营销部是电力企业必须专门设有并且有专人负责的营销管理机构,是统筹电能计量中心、电费管理中心、客户服务中心这"三中心"营销后台的组织保障。

电力营销工作的基本任务是完成好电力销售、电费回收的经营目标和供电服务目标。要抓住营销工作的基本环节,对营销管理实行过程控制,实现动态管理。营销部必须建立以市场为导向、以服务为宗旨、以效益为中心的营销管理机制。以现代营销理论,创新营销管理机制,建立以市场为导向、以服务为宗旨、以效益为中心、以政策法规为准则的改革创新观念、客户服务观念、市场竞争和效益观念、依法经营观念、科技创新和人才开发观念。抓住"服务与效益"两个关键,积极推进营销工作的改革与发展,建立科学、完善、有效的营销管理工作体系。对电网公司来说,其主要要求有:①供电营业规范化服务标准。②供电营业职工文明服务行为规范。③供电服务规范。④供电服务窗口建设及规范化服务窗口标准。⑤电力营销与服务工作评价。

（二）电能计量中心

国家电网公司为了加强公司系统电能计量管理工作,优化资源配置,提高工作效率,建立科学规范的电能计量管理体制,全面实施电能计量集中化、集约化管理,组建省、市两级电能计量中心。

1.总体要求

按照国家电网公司确定的"一强三优"发展战略和"三抓

一创"的工作思路,认真贯彻落实国家电网公司关于电能计量集中管理的有关精神,以集约化管理为取向、以标准化管理为手段、以提高工作效率为重点,积极推进电能计量机制创新、管理创新,努力建成管理规范、运转协调、设备先进、人员稳定、技术过硬、公平公正、集约高效的电能计量管理体制和运行机制。

2.基本原则

依据国家相关计量法律、法规和技术标准及国家电网公司的有关规定,结合各地实际情况,坚持整体规划、分步实施;坚持边实施边完善、稳妥推进的原则,全面推行电能计量中心建设,实现电能计量中心科学化、制度化、规范化、集约化的管理。

3.工作目标

实施电能计量集中管理的工作目标:以管理创新为动力,依托信息化技术,优化资源配置,强化计量管理,提高工作效率,做到公司系统电能计量管理模式的统一,工作流程的统一,工作规范的统一,电能计量器具选型、招标采购、验收、检定、配送等过程的统一,电能计量信息从资产管理、软件平台到应用平台的统一,电能计量检定机构的考核和认证的统一。建立公司系统内部科学、规范、高效的电能计量管理和技术体系。

(三)电费管理中心

电费管理是一项科学的系统工程,受财经制度的约束,是电力企业生产过程的最后一个环节,是电力企业信息流转化为资金流缺一不可的关键节点,同时是企业市场决策信息的主要来源,最终将体现企业经营成果。因此,国家电网公司决定加快推进电费管理中心的建设,强化电费的标准化、专业化、信息化管理,目的是想充分利用现代科学技术手段,完善统一的电费业务及管理流程,创新电费管理的工作标准体系,建立电费回收的快速反应机制,按照有效规避、主动防范的要求,建立电费风险预警机制和监控能力,推动电力营销集约化管理,促进电力营销管理模式的变革,最终实现建设"一强三优"现代化公司的长远发展战略目标,全面提升公司经营能力,实现企业效益和社会效益的最大化。

1.基本原则

按照集约化要求统一电费账户和实行抄核收业务的集中管理;按照标准化、专业化、信息化要求优化业务流程,完善统一的电费业务及管理流程和工作标准体系;按照信息化管理要求实现抄核收业务的自动化;按照有效规避、主动防范的要求,建立电费回收快速反应及风险预警机制。提高电费管理的整体绩效和资金的规模化效益,促进公司营销管理模式的变革,推动营销集约化管理。

2.基本工作思路

电费管理中心以营销信息系统为支撑,对抄表业务进行专业化管理,对电费核算、账务处理及资金归集进行集中管理,实现电费抄核收全过程的监管和控制,降低营销成本和经营风险,全面提高电力公司集约化经营管理能力。

(四)客户服务中心

客户服务中心是集业务受理、业扩报装、咨询查询、故障保修、市场开拓、需求侧管理、用电检查、客服信息资源形成等功能为一体的部门。从客户报装开始到完成送电的全过程，包括安全服务、节电服务、变更、咨询、跟踪服务都由客户服务中心对接客户，是"客服中心围着客户转，各部门跟着客服中心转"的中心环节。

1.指导思想

按照集团化运作、集约化发展、精细化管理、标准化建设的要求，以市场为导向、以客户为中心、以信息技术为支撑、以地市供电企业为单位建立适应市场经济需要和电网生产经营特点的、整体协同运作的客户服务中心组织模式和管理机制，大力推进电力营销"一部三中心"的集约化改革。

2.基本原则

（1）坚持集约化推进：通过有机整合供电营业厅、"95598"电话及网站、业扩报装及安全用电现场服务等服务资源，加强电话服务、网上服务与业扩报装流程之间的集成，实现供电服务的"一口对外"。

（2）坚持标准化和信息化相结合：在统一客户服务项目、服务流程、服务标准的同时，积极推进信息化建设。通过管理创新与技术进步的结合，内部实现流程通畅，信息共享，过程可控，外部实现服务便捷、响应快速。

（3）坚持对客户服务管理层与执行层实施有效分离：电力营销部负责制定用电业务分级管理的原则，履行管理、指导、监督、考核职能，客户服务中心承办具体业务。

（4）坚持统一推进：统一营销管理模式、统一组织职能设置、统一营销业务流程、统一营销工作标准、统一组织实施。

3.建设目标

统一服务品牌、服务标准、服务流程,整合服务资源、信息资源、服务渠道,建成集业务受理、业扩报装、咨询查询、故障报修、市场开拓、需求侧管理、用电检查、客户信息资源形成等功能为一体的客户服务中心,建立以市场为导向、满足客户需求的市场快速响应机制,实现服务方式向电话服务、网络服务、自助服务的转变和供电服务流程的内外贯通,进一步提高服务效率、降低服务成本,构建流程通畅、信息共享、过程可控的营销服务管理平台,全面提高企业市场应变、客户服务的能力。

第二节　电力市场营销的计划管理

一、电力市场营销计划的概念

电力市场营销计划就是电力市场营销活动方案的具体描述,它规定了电力企业各种经营活动的任务、策略、政策、目标和具体指标及措施。

二、电力市场营销计划的作用

计划的目的是使电力企业的市场营销工作按计划有条不紊地进行,避免电力企业营销活动的盲目性。具体讲,电力市场营销计划有如下作用。

(一)有利于明确电力企业自身的发展目标

由于电力市场营销计划详细说明了电力企业预期的经济

效果,由此可以预计电力企业的发展状况,从而使电力企业明确自己的发展目标,并在实际工作中,不断调整行动方案,采取相应措施达到预期目标。

(二)有利于电力企业合理组织资源,节约费用开支

电力市场营销计划明确了电力企业实现计划活动所需的资源,使电力企业可以事先预测资源需要量,测算企业所承担的成本费用,有利于电力企业精打细算,合理组织资源,节约费用开支。

(三)有利于合理分配人员,完成电力营销任务

电力市场营销计划描述了将要进行的任务和采取的行动,使电力企业可以明确规定有关人员的职责,使他们有目标、有计划地完成或超额完成自己的任务。

(四)有利于电力企业控制自身的电力营销活动

由于电力市场营销计划有助于监测电力市场营销活动的效果,从而促使电力企业有效地控制各种电力营销活动,协调电力企业各部门、各环节的关系,更顺利地完成电力企业的各项任务和目标。

三、电力市场营销计划的内容

电力市场营销计划的内容包括计划概要、电力市场营销现状、风险和机会、目标和论证、电力市场营销策略、行动方案、预算、控制等八项内容。

(一)计划概要

电力市场营销计划首先应对计划的主要目标、执行方案和措施进行概述。对计划进行概述的主要目的是让高层管理者很快了解并掌握计划的核心内容,检查研究和初步评审所制定的营销计划的优劣。一般为了便于审核者阅读评审计划所需的资料,通常在计划概要部分之后,紧接着列出计划内容目录。

(二)电力市场营销现状

电力市场营销现状分析是电力市场营销计划中的第一个正式的主要部分。这一部分的主要内容是对当前电力市场营销情况进行分析,即对电力企业当前所处的市场环境进行分析,包括当前电力市场的范围、用电需求状况、影响电力客户用电消费行为的环境因素等;电价水平、销售收入、利润等;其他电力企业的服务策略、价格策略如何、市场占有率多大、变化趋势如何等。

(三)风险和机会

风险就是电力市场营销环境中存在的对电力企业营销不利的因素;机会就是电力营销环境中存在的对电力企业营销有利的因素。在电力市场营销计划中,要求电力市场营销人员对电能产品的销售机会和风险做出预测,并加以描述,从而使电力企业营销管理人员能预见影响电力企业发展的因素,以便采用相应的电力营销手段或策略。

(四)目标和论证

在分析了风险和机会后,就要确定电力企业的营销目标,并对影响这些目标的问题加以考虑和论证,这是电力市场营销计划的核心内容。电力营销目标包括售电量、电力销售收入、利润率、投资收益率、电力市场占有率等,并且要围绕每个营销目标进行分析,保证目标的实现。

(五)电力市场营销策略

电力市场营销策略就是电力企业为实现电力营销目标而采取的策略或手段,包括目标电力市场的选择、电力市场营销策略组合、电力市场营销费用等。

1.目标电力市场的选择

在电力市场营销计划中,首先应明确电力企业的目标市场,即电力企业准备为之服务的子市场,并且在此基础上进行市场定位。

2.电力市场营销策略组合

在电力市场营销计划中,电力市场营销人员还应提出有关电力市场营销策略组合的各种具体措施,包括电力产品与服务策略、电价策略、电力销售渠道策略、电力促销策略等。并根据对电力企业营销中风险和机会的分析,说明采取上述各种不同营销策略的原因。

3.电力市场营销费用

在电力市场营销计划中,还必须详细说明为执行各种电力市场营销策略所需的市场营销费用预算,以科学的方法确定恰当的费用水平。一般市场营销费用支出越高,销售额越高。但是由于电力产品的特殊性,市场营销费用的支出并不是永远支撑销售额增加的。

(六)行动方案

在电力市场营销策略确定后,要真正发挥营销效果,还必须将营销策略转化为具体的行动方案。这些行动方案大致围绕下列问题制定:要完成什么任务,什么时候完成,由谁负责完成执行,完成这些任务需要花多少费用等。整个营销活动还应列表加以说明,表明每一时期应执行和完成的市场营销活动,使电力营销活动落到实处。

(七)预算

确定了电力市场营销目标、电力市场营销策略以及行动方案之后,电力企业就应制定一个保证该方案实施的预算。这种预算实际上就是一份预计损益表,在收入方可以列入预计售电量、平均电价、售电收入等,在支出方可以列出发电成本费用、输电成本费用、供电成本费用、市场营销费用等,收入与支出的差额就是预期利润。预算一经审核批准,就成为电力企业生产经营活动的依据。

(八)控制

电力市场营销计划书的最后一部分为控制,控制是用来检查整个计划进度的。为了便于检查,一般电力市场营销的目标和预算草案都是分月或分季制定的。这样便于审查每一时期电力企业各环节的成果,并指出哪些没有达到预期目标,使电力市场营销工作得到有效控制,保证电力市场营销计划顺利完成[①]。

四、编制电力市场营销计划的程序

电力市场营销计划的编制程序,大致经过如下几个步骤。

(一)分析电力市场营销现状

分析电力市场营销现状是对电力企业及其电力市场营销环境的一种整体机构分析。这种分析包括四个方面。

---

①吴伟,应若冰.电力市场营销中电力营销及电力优质服务的作用[J].百科论坛电子杂志,2018(23):532.

1.对电力企业实力和弱点的定期综合分析

这种分析主要通过电力市场营销决算来进行,因为在电力市场营销决算中,对电力企业过去的成绩和现在的实力都有严密的估计和评价。在这种分析中,特别要注重电力企业的促销效果、电价以及电力销售渠道的分析,这些情况从不同侧面反映了电力企业的实力。

2.电力市场营销环境研究

电力市场营销环境研究包括对电力企业微观环境和宏观环境的研究,通过科学的方法对电力市场营销环境进行研究,发现直接影响电力营销决策的重要问题。

3.电力销售额和电力市场营销费用分析

对电力销售额和电力市场营销费用的分析可以通过不定期的专题调研来进行,获得有关销售额和市场营销费用的分析资料,为进行电力销售预测和编制电力市场营销计划提供依据。

4.电力销售预测

在对电力企业实力、电力营销环境、电力销售额和电力市场营销费用进行分析的基础上,对电力销售进行预测,这是电力市场营销计划编制程序中极其重要的一个步骤。通过这种预测,电力企业可以估计到整个电力行业的销售额和电力企业自身的销售额,为制定电力企业的市场营销计划提供具体依据。

(二)确定电力市场机会

通过综合考虑各种因素,对电力市场现状分析中所发现的问题做出解释,从而分析估计电力企业的竞争优势、电力行业中其他竞争者的竞争优势,以便有针对性地制定电力营销战略、电力营销策略和具体的电力营销方向。

(三)选择目标电力市场

经过电力市场现状分析和电力市场机会估计后,接下来就要确定可以开拓的目标电力市场。至于如何选择具体的目标电力市场,则取决于一系列因素的影响。一般要考虑与目标电力市场相关的电力企业目标、目标电力市场的潜在机会、电力企业开拓此目标电力市场的能力如何等。

(四)确定投资的范围

虽然一个电力企业可以同时拥有几个目标电力市场,但是每个电力企业的资源是有限的,任何一个电力企业都希望将有限的资源使用在最合适的目标电力市场上。为此,在电力市场营销计划工作中,首先要根据前一阶段可能选择的目标电力市场,预计为开拓这些目标电力市场需要付出多大的物力和财力,然后与电力企业自身的投资能力相比较,看能开拓多少目标电力市场,或开拓哪个目标电力市场。尤其应考虑财务上的可能、供电能力的限制以及人力资源的短缺等因素。经过严密比较,最后决定应如何把电力企业的资源分配到最有利的目标电力市场上去。

(五)拟定电力市场营销策略

在选择了目标市场之后,就要拟定可供选择的电力市场营销策略,以便从中选出最理想的策略。一般策略拟定得越多越好,这样可选择的余地就比较大。

(六)选择最佳营销策略

这一阶段的主要任务是,将上述提出的所有可能的电力营销策略进行分析比较,选出最佳策略。这种选择最直接的根据就是电力企业的营销目标,如果电力企业的主要营销目标是提高电力产品的市场占有率,则选择电力营销策略时,应侧重有利于提高电力市场占有率的营销策略。

(七)确定相应的电力营销因素组合

这一阶段的主要任务就是根据所选的最佳营销策略,进一步制定市场营销因素组合。因为每一市场营销策略的贯彻,都要通过与之相适应的市场营销因素组合来完成。关于市场营销因素组合的各个策略,即电力产品与服务策略、电价策略、电力销售渠道策略和电力促销策略等。

(八)综合编制电力市场营销计划

这一阶段是将前面几个步骤的分析和策略等统一协调起来,写成正式的计划。大概包括以下几个方面:①计划的特定目标,即宗旨如何。②特定目标与电力企业之间的关系。③执行该计划所需的费用。④预测电力企业的市场环境和机会。⑤提出行动方案。⑥综合、归纳完整的电力市场营销计划指标体系。

(九)电力市场营销计划的审批

电力企业的最高管理阶层对电力营销部门送审的电力市场营销计划,应结合其他职能部门的计划一起进行综合平衡,协调各部门的能力和任务,尽量使电力市场营销计划建立在可行的基础上,并能达到预期的经济效益。

(十)电力市场营销计划的实施

电力市场营销计划审批后,应立即传达给执行部门的有关人员,具体研究贯彻执行的方案,并付诸实施。一般包括以下几个步骤:①将达成目标的行动计划分为几个步骤。②说明几个步骤之间的关系和顺序。③确定每一步骤由谁负责。④确定每一步骤所需的资源。⑤规定每一步骤完成的时间。另外,还应尽可能提供与电力市场营销计划有关的信息资料,如电力企业的预期售电量多少,电力市场营销总费用多少,电力企业的市场占有率多少等。

(十一)监督与调整

电力市场营销计划工作程序的最后一个步骤,就是对所实施的营销计划进行监督和调整。因为在营销计划的制定中,无论调查研究多么认真、方法多么科学,总难免有考虑不周到的方面,加之外部市场瞬息万变,存在众多不可控的因素。因此,电力市场营销计划在执行中可能会出现偏差和变化,这要求在整个计划的执行中,必须进行必要的监督和调整,通过信息反馈,判断所采取的计划行动是否有效。如发现有不当或与原计划脱节的方面,应及时修正计划,或改变行动方案,以适应新情况。

第三节　电力市场营销的控制管理

控制是将预期业绩与实际业绩比较,并在必要时采取校正行动的过程。由于在执行营销计划的过程中,可能会有许多意想不到的事情发生,因此,电力市场营销部门应经常保持对电力营销活动的控制,从而保证电力企业能卓有成效地开展电力营销活动。

电力市场营销控制包括年度计划控制、赢利控制、效率控制和战略控制。年度计划控制主要检查电力市场营销活动的结果是否达到了年度计划的要求,并在必要时予以调整和纠正。赢利控制是为了确认在电力产品、供电地区、最终电力客户和电力销售渠道等方面的实际获利能力。效率控制的任务是提高电力促销工作的效率。战略控制是审计电力企业的战略、计划是否有效地抓住了市场机会,是否同电力市场营销环境相适应等。

一、年度计划控制

(一)年度计划控制的目的

任何企业都要制定年度营销计划,然而年度营销计划执行的成功与否,还要看控制工作进行得如何。所谓年度营销计划控制,是指电力企业在本年度内对电力销售额、电力市场占有率、电力市场营销费用等采取控制步骤,检查实际绩效与电力营销计划之间是否有偏差,并采取改进措施,以确保年度营销计划能如期实现与完成。

一般电力企业每年都制定相当周密的营销计划,但执行的结果通常与之有一定的差距。事实上,营销计划的结果不仅取决于营销计划制定得是否正确,而且还取决于营销计划执行与控制的效率如何。可见年度营销计划控制的主要目的是:①促使年度营销计划产生连续不断的推动力。②控制的结果可以作为年终营销绩效评估的依据。③发现电力企业潜在问题,并及时予以妥善解决。④高层管理人员可借此有效地监督电力企业各部门的工作。

(二)年度计划控制的步骤

年度营销计划控制系统包括四个主要的步骤。

1.制定目标

制定目标即确定本年度各个季度或各个月份的目标,如销售目标、利润目标等。

2.绩效测量

绩效测量即将实际成果与预期目标相比较。

3.因果分析

因果分析即当电力市场营销计划在执行中有较大的偏差时,研究发生偏差的原因。

4.实施调整

实施调整即采取必要的调整措施,努力使实际成果与电力营销计划目标相一致。

(三)年度计划控制的方法

常用的年度营销计划控制分析的方法有以下四种。

1.电力销售分析

电力销售分析主要用于衡量和评估经理人员所制定的电力营销计划销售目标与实际销售目标之间的关系。通过分析影响电力销售绩效的因素,决定这些因素对电力销售绩效影响的大小。电力销售分析包括销售差异分析和地区销售量分析两个方面。销售差异分析主要衡量造成销售差距的不同因素的影响程度,销售差异分析包括的项目有售电量、平均电价、售电收入等。地区销售量分析主要衡量导致销售差距的具体供电区域或具体电力大客户。

2.电力市场营销费用与销售额的比率分析

年度营销计划控制要求电力企业在完成电力销售目标的过程中,没有超支现象,这就需要采用营销费用对销售额的比率指标。要密切注意比率的变化,如有失控,必须及时查找原因。

3.电力市场占有率分析

仅仅通过电力销售分析,并不能完全反映出电力企业相对于其他竞争者的经营状况,因为电力企业销售额的增加,也可能是由于电力企业所处的整个经济大环境的发展。因此,还要对电力市场占有率进行分析。对电力市场占有率进行分析有以下四种不同的度量方法。

(1)全部市场占有率:全部市场占有率以电力企业的销售额占全电力行业销售额的百分数表示。

(2)可达市场占有率:可达市场占有率以电力企业销售额占该企业所服务的电力市场销售额的百分数表示。

(3)相对市场占有率(与最大的三个竞争者相比):相对市场占有率(与最大的三个竞争者相比)以电力企业销售额相对最大的三个竞争者的销售额总和的百分数表示。

(4)相对市场占有率(与领先竞争者相比):相对市场占有率(与领先竞争者相比)以电力企业销售额相对市场领先竞争者的销售额的百分数表示。

4.客户态度追踪

客户态度追踪主要是定性地分析电力市场营销的发展变化。电力企业一般利用以下系统追踪顾客的态度。

（1）抱怨和建议系统：电力企业对电力客户的书面或口头抱怨应该进行记录、分析，并做出适当反应。对不同抱怨应该分析归类做成卡片，较严重的和经常发生的抱怨应及早予以注意。电力企业应该鼓励客户提出批评和建议，使客户经常有机会发表意见，以便能收集到客户对电力产品和电力服务反映的完整资料。

（2）固定客户样本：建立由一定客户组成的固定客户样本，定期地由电力企业通过访问或邮寄问卷的方式了解客户的态度。这种做法有时比抱怨和建议系统更能代表电力客户的变化及其分布范围。

（3）客户调查：电力企业定期让一组随机客户回答一组标准化的调查问卷，调查问题包括电力职工的态度、电力服务质量等。通过对这些问卷的分析，电力企业可以及时发现问题，并及时予以纠正[①]。

二、赢利控制

除了年度营销计划控制外，电力企业还需要运用赢利能力控制来测定不同用电地区、不同电力客户的赢利能力。所谓赢利控制，是指通过对财务报表中有关数据的处理和分析，衡量各种因素对电力企业获利能力的影响，找出妨碍获利的因素，以便采取相应措施，排除或削弱这些不利因素的影响。赢利控制中一般分析电力营销成本和赢利能力两大类指标。

（一）电力营销成本

电力营销成本直接影响电力企业的利润，它主要由电力促

---

① 李秀中. 电力营销业务技能与专业管理必读[M]. 北京：中国电力出版社，2013.

销人员的工资、奖金、差旅费、培训费、广告媒体成本、产品说明书印刷费等组成。

(二)赢利能力指标

获得利润是任何企业重视的目标之一,电力企业也不例外。因此,赢利能力控制在电力市场营销管理中占有十分重要的地位。一般在对电力市场营销成本分析之后,还要分析以下赢利能力指标。

1.销售利润率

指利润总额与销售收入之间的比率,表示电力企业每销售100元获得的利润。一般将销售利润率作为评估电力企业获利能力的主要指标,其计算公式为

$$销售利润率 = \frac{利润总额}{销售收入} \times 100\%$$

$$(6-1)$$

2.资产收益率

指电力企业所创造的利润总额与电力企业资产的比率,其计算公式为

$$资产收益率 = \frac{利润总额}{平均资产总额} \times 100\%$$

$$(6-2)$$

3.净资产收益率

指税后利润与净资产所得的比率。净资产是指资产总额减去负债总额后的净值,不包含利息支出,因为净资产不包括负债。净资产收益率实际是衡量电力企业偿债后的剩余资产的收益率,其计算公式为

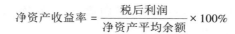

$$净资产收益率 = \frac{税后利润}{净资产平均余额} \times 100\%$$

$$(6-3)$$

三、电力营销效率控制

电力营销效率控制可以通过以下控制进行。

（一）销售人员的控制

通过记录一些销售人员的工作实际,如每天销售访问的次数、访问的成本、新增客户数等,以此衡量销售人员的工作效率。

（二）广告控制

一般电力企业应做好以下记录:客户对广告内容的意见、广告前后对电力产品态度的衡量、由于受广告刺激而引起的询问次数等,以此改进广告效率,更有效地进行电力产品的定位,确定广告目标,寻找最佳媒体以及进行广告效果的测定等。

（三）促销效率

为了改善电力促销的效率,应做好如下工作:由于优惠而销售的百分比,因示范引起的询问次数等。

四、电力营销战略控制

电力企业市场营销战略是指电力企业根据自己的市场营销目标,在确定的环境中,按照电力市场营销组织、计划与控制总体的策划过程所拟定的可能采用的一系列行动方案。但是,电力企业在营销战略的实施过程中,由于电力市场营销环境变化很快,通常会使电力企业制定的营销目标、营销策略、营销方案等失去作用。因此,在电力企业营销战略的实施过程中,必然会出现战略控制的问题。

电力营销战略控制是指采用一系列行动,使实际营销工作与原营销战略尽可能一致,在控制中通过不断评审和信息反馈,对战略不断修正。

电力企业在进行营销战略控制时,可以运用市场营销审计这一工具。各个电力企业都有财务会计审核,在一定期间客观地对审核的财务会计资料或事项进行考察、询问、检查和分析,最后根据所获得的数据按照专业标准进行判断,做出结论,并提出报告。

第四节 电力市场营销的实施

一、电力市场营销实施的概念

电力市场营销实施,是指电力企业为实现其战略目标,将营销战略和计划变为具体营销活动的过程,也就是有效地调动电力企业的全部资源(人力、财力、物力)投入日常营销业务活动中去。

二、电力市场营销实施的内容

电力市场营销战略和营销计划是解决电力企业营销活动应该"做什么"和"为什么要这样做"的问题;营销战略和计划是做出决策,营销实施是执行决策。营销实施的内容包括以下几点:"由谁去做"——由哪个部门或者哪个人去完成;"在何处做"——在哪个市场或者细分市场去完成;"在何时做"——在什么时候去开始和完成;"怎样做"——采用什么营销方法和措施去完成。

营销实施是一个艰巨而复杂的过程,发生失误在所难免。营销失误的原因可能是由于战略和计划本身有问题,也可能是由于正确的战略和计划没有得到有效的实施。因此,对营销实施过程中出现的问题,要加以科学分析,找出产生问题的原因,及时采取纠正措施。

三、营销实施中的问题及其原因

电力企业在实施营销战略和营销计划过程中,正确的营销战略不能带来出色的业绩,主要有以下几方面的原因。

(一)计划脱离实际

电力企业的营销战略和营销计划通常是由上层的专业计划人员制定的,而实施则要依靠营销管理人员。由于这两类人员之间缺少必要的沟通和协调,通常导致下列问题的出现。

1.企业的专业计划人员只考虑总体战略而忽视实施中的细节,结果使计划过于笼统和流于形式。

2.专业计划人员通常不了解计划实施过程中的具体问题,所定计划脱离实际。

3.专业计划人员和营销管理人员之间没有充分的交流与沟通,致使营销管理人员在实施过程中经常遇到困难,因为他们并不完全理解需要他们去实施的战略。

4.脱离实际的战略导致计划人员和营销人员之间相互对立的不信任。

现在,许多企业已经认识到,不能光靠专业计划人员制定营销计划,正确的做法应该是让计划人员协助营销人员共同制定计划。

(二)长期目标和短期目标相矛盾

营销战略通常着眼于企业的长期目标,涉及今后3～5年的经营活动。但具体实施这些战略的营销人员通常是根据他们的短期工作绩效,如销售量、市场占有率或利润率等指标来评估和奖励的。因此,营销人员常选择短期行为。

(三)习惯势力的惰性

企业的经营活动通常习惯于实现既定的战略目标,新的战略如果不符合企业的传统和习惯就会遭到抵制,新旧战略的差异越大,实施新战略可能遇到的阻力也就越大。要想实施与旧战略截然不同的新战略,通常需要打碎企业传统的组织机构的供销关系。例如,为了实施给老产品开辟新销路的市场开拓战略,就必须创建一个新的推销机构。

(四)缺乏具体明确的实施方案

有些战备计划之所以打败,是因为计划人员没有制定明确而个体的实施方案。

实践证明,许多企业面临的困境,就是因为缺乏一个能够使企业内部各有关部门协调一致作战具体实施方案。因此,企业的高层决策者必须制定详尽的实施方案,规划和协调各部门的活动,编制周密的项目时间表,明确各部门经理应负的责任和应有的职权,这样营销战略和计划的实施才有保障[1]。

---

①钟韧. 浅谈电力市场营销策略[J]. 数字化用户,2019,25(3):256.

四、营销战略的实施过程

在营销战略的实施过程中,联结营销战略和营销业绩的是营销战略实施系统。它包括相互关联的五项内容:①制定行动方案。②建立组织结构。③设计决策、报酬制度。④开发人力资源。⑤建设企业文化和管理风格。

(一)制定行动方案

为了有效地实施营销战略,必须制定详细的行动方案。这个方案应该明确营销战略实施的关键性决策和任务,并将执行这些决策和任务的责任落实到小组或个人。另外,还应定出行动的确切时间。

(二)建立组织结构

企业的正式组织在营销战略的实施过程中有决定性的作用,组织将战略实施的任务分配给具体的部门和人员,确定职权界限和信息沟通渠道,协调企业内部的各项决策和行动。具有不同战略的企业,需要建立不同的组织结构。也就是说,组织结构必须同企业战略相匹配,必须同企业本身的特点和营销环境相适应。

组织结构具有两个职能:首先提供明确的分工,将全部工作分解成便于管理的几个部分,再将它们分配给各有关部门和人员;其次是发挥协调作用,通过正式的组织联系和信息沟通网络,协调各部门和人员的行动。

有效实施企业战略的组织结构的特点是:①高度的非正式沟通:卓越企业本身就是一个巨大的、不拘形式的、开放型的信息沟通和交流系统,它允许并鼓励员工进行各种非正式的沟通与交流。②组织的分权化管理:为鼓励创新,卓越企业通常由许多小型有自主权的分支机构组成,必要时还可成立专题工作组和项目中心等临时性组织。③精兵简政:大部分成功的企业采用简单的按产品、地理分布或职能等一维变量设立的组织结构。这种简单的、分权式的组织结构具有高度的灵活性,能更好地适应不断变化的环境。

此外,领导班子(尤其是最高管理层)精干,也是成功企业的共同特点。行政人员少了,业务人员多了,工作效率就会提高。

(三)设计决策和报酬制度

为实施营销战略,还必须设计相应的决策和报酬制度,这些制度直接关系到战略实施的成败。以企业对管理人员工作的评估和报酬制度为例,如果它是以短期的经营利润为标准,管理人员的行为必定趋于短期化,他们就不会对实现长期战略目标有积极性。

(四)开发人力资源

营销战略最终是由企业内部的工作人员来实施的,因此人力资源的开发至关重要,这涉及人员的考核、选拔、安置、培训和激励等问题。在考核选拔管理人员时,要研究是从企业内部提拔还是从外部招聘更有利;在安置人员时,要注意将适当的工作分配给适当的人,做到人尽其才。为了激励员工的积极性,必须建立完善的工资、福利和奖惩制度。

此外,企业还必须决策行政管理人员、业务管理人员和一线人员之间的比例。现在许多外国企业已经削减了公司的一级行政管理人员,目的是减少管理费用和提高工作效率。

应当指出的是,不同的战略要求具有不同性格和能力的管

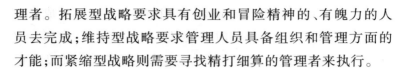

理者。拓展型战略要求具有创业和冒险精神的、有魄力的人员去完成；维持型战略要求管理人员具备组织和管理方面的才能；而紧缩型战略则需要寻找精打细算的管理者来执行。

（五）建设企业文化和管理风格

企业文化是指一个企业内部全体人员共同持有和遵循的价值标准、基本信念和行为准则。企业文化是企业的精神力量之所在，对企业经营思想、领导风格，对员工工作态度和作风，均起着决定性的作用。文化的内涵，即企业的核心价值观和行动规则。企业文化包括价值观念、企业环境、模范人物、仪式、文化网。

1.价值观念

指企业员工共同的行为准则和基本信念，是企业文化的核心和灵魂。例如，国家电网公司的企业理念是"以人为本、忠诚企业、奉献社会"，其企业精神是"努力超越追求卓越"，这就是公司的企业文化。

2.企业环境

指形成企业文化的外界条件，它包括一个国家、民族的传统文化，也包括政府的方针政策以及资源、运输、市场、竞争等环境因素。

3.模范人物

是共同价值的人格化，是员工行为的楷模和典范，是企业中强有力的激励者。

4.仪式

指企业为树立和强化共同价值观，有计划进行的各种例行活动，如各种纪念、庆祝等。

5.文化网络

是传播共同价值观和宣传介绍模范人物形象的各种正式和非正式的沟通渠道。

总之,企业文化主要是指企业在其所处的一定环境中,逐渐形成的共同价值标准和基本信念,这些标准和信念通过模范人物塑造和体现,通过正式和非正式组织加以树立、强化和传播。

企业文化体现了集体责任感和荣誉感,它甚至关系到员工人生观和他们所追求的最高目标,它能够起到把全体员工团结在一起的作用。因此,塑造和强化企业文化是营销实施过程中不可忽视的一环。

与企业文化相关联的是企业的管理风格,一种管理风格属于"专权型",他们发号施令、独揽大权,严格控制、坚持采用正式的沟通渠道,不容忍非正式的组织和活动;另一种管理风格称为"参与型",管理者主张授权给下属,协调各部门的工作,鼓励下属的主动精神和非正式的交流与沟通。

这两种对立的管理风格各有利弊,各自适用于不同的战略。具体需要什么样的管理风格,取决于企业的战略任务、组织结构、人员素质和营销环境。

企业文化和管理风格一旦形成,就具有相对稳定性和连续性,不易改变。因此,企业战略通常要适应企业文化和管理风格的要求来制定,而不宜轻易改变企业原有的文化和风格。

参考文献
REFERENCES

[1]卜虹霞.新形势下电力市场营销创新研究[J].通讯世界,2019,26(2):122-123.

[2]陈芳.基于需求侧管理的电力市场营销策略研究——以内蒙古电力公司为例[D].济南:山东大学,2016.

[3]陈广里.新形势下供电企业电力市场营销策略研究[D].济南:山东大学,2017.

[4]陈志杰.市场营销[M].杭州:浙江工商大学出版社,2015.

[5]范甜甜.基于电力市场营销的客户管理体系研究[D].济南:山东大学,2017.

[6]高晓民.项目管理在电力市场营销中运用研究[D].杭州:浙江工业大学,2016.

[7]高心.电力市场营销[M].成都:电子科技大学出版社,2011.

[8]顾玉洁.电力市场营销战略的研究[D].镇江:江苏大学,2017.

[9]韩唐棣.国网PDS供电公司的电力市场营销策略研究[D].西安:西安理工大学,2017.

[10]胡晓刚.电力市场营销策略研究[J].中国战略新兴产

业,2019(22):115.

[11]兰秋伟.基于电力市场改革的电力营销管理探究[J].
山东工业技术,2019(3):197.

[12]李成.发电企业电力市场营销策略研究[J].经贸实践,
2019(4):182.

[13]李先彬.电力系统自动化[M].6版.北京:中国电力出版
社,2014.

[14]李秀中.电力营销业务技能与专业管理必读[M].北京:
中国电力出版社,2013.

[15]刘秋华,陈洁.电力需求侧管理[M].北京:中国电力出
版社,2015.

[16]潘姝默.研究大数据在电力市场营销中的作用[J].环
球市场,2019(10):109.

[17]深圳供电局有限公司.电力营销在线信息化稽查[M].
北京:中国电力出版社,2014.

[18]神华科学技术研究院.中国电力市场发展形势分析报
告2016[M].北京:中国财富出版社,2017.

[19]施泉生,丁建勇.电力需求侧管理[M].上海:上海财经
大学出版社,2018.

[20]司凯,彭明唱.市场营销[M].西安:西安电子科技大学
出版社,2018.

[21]宋剑峰.电力市场营销存在问题及强化对策研究[J].
建筑工程技术与设计,2019(14):4481.

[22]谭蓓.市场营销[M].重庆:重庆大学出版社,2017.

[23]汤涌,印永华.电力系统多尺度仿真与试验技术[M].北京:中国电力出版社,2013.

[24]王倩.市场经济条件下电力市场营销的创新发展研究[J].现代商贸工业,2019(17):46-47.

[25]王梓曦.基于电力体制改革下电力市场营销风险管控策略[J].山东工业技术,2019(17):183.

[26]吴伟,应若冰.电力市场营销中电力营销及电力优质服务的作用[J].百科论坛电子杂志,2018(23):532.

[27]肖先勇.电力技术经济原理[M].北京:中国电力出版社,2010.

[28]许炫壕.面向需求侧管理的电力负荷形态分类和应用研究[D].广州:广东工业大学,2018.

[29]严峻.电力营销业务实训[M].北京:中国电力出版社,2012.

[30]杨明.基于需求侧管理的电力负荷优化调度[D].武汉:华中科技大学,2018.

[31]张建林.分析电力市场营销中集中电费核算的应用[J].通讯世界,2019,26(8):331-332.

[32]钟韧.浅谈电力市场营销策略[J].数字化用户,2019,25(3):256.

[33]周晖.电力市场分析与预测[M].北京:北京交通大学出版社,2011.